Le CŒUR A
ses RAISONS

Le CŒUR A *ses* RAISONS

RETROUVER LA PERSUASION CHRÉTIENNE

WILLIAM EDGAR

230, rue Lupien, Trois-Rivières (Québec)
G8T 6W4 Canada

Édition originale en anglais sous le titre :
Reasons of the Heart: Recovering Christian Persuasion
© 1996, 2003 par William Edgar. Tous droits réservés.
Publié par Hourglass Books, an imprint of Baker Book House.
6030 East Fulton Road, Ada, MI 49301
Traduit et publié avec permission. Tous droits réservés.

Pour l'édition française :
Le cœur a ses raisons : retrouver la persuasion chrétienne
© 2016 Publications Chrétiennes, Inc.
230, rue Lupien, Trois-Rivières (Québec)
G8T 6W4 – Canada
Site Web : www.publicationschretiennes.com

Traduction : Vincent Collet
Révision linguistique : Alexandre Grondin
Relecture : Trina Jelsma, Frédéric Brivot, Bill Edgar

ISBN : 978-2-924743-00-3
Dépôt légal – 3e trimestre 2016
Bibliothèque et Archives nationales du Québec
Bibliothèque et Archives Canada

« Impact Académia » est une marque déposée de Publications Chrétiennes, Inc.

Ce livre a été publié en collaboration avec l'Église réformée du Québec.

À moins d'indications contraires, toutes les citations bibliques sont tirées de la Nouvelle Édition de Genève (Segond 1979) de la Société Biblique de Genève. Avec permission.

À Pierre et Hélène Courthial, dont la foi rayonnante est la meilleure des apologétiques.

Table des matières

Remerciements 9
Introduction 11

Première partie : Les fondements 21
1   Les occasions exceptionnelles d'aujourd'hui 23
2   À l'encontre d'un impact à bon marché 31
3   L'apologétique apostolique 39
4   Le mandat biblique dans sa globalité 51
5   Une riche palette 61

Deuxième partie : Discussions 79
6   Les obstacles initiaux 81
7   Incroyable 97
8   Un seul chemin ? 105
9   Le grand scandale 119
10 La foi conduisant à l'assurance 133

Notes 145
Index 157

Remerciements

Bien que de taille modeste, ce livre représente les efforts de nombreuses personnes hormis l'auteur. En premier lieu, je voudrais remercier Amy Boucher pour son travail de révision professionnel et infatigable. Elle a accompli la tâche difficile d'améliorer grandement le manuscrit sans altérer mes pensées ou mon style. Je lui en suis très reconnaissant.

Je voudrais aussi remercier le « Trinity Forum » pour tous les encouragements que j'y ai reçus dans le domaine de l'apologétique, dans lequel j'ai eu le rare privilège de travailler en première ligne avec Os Guinness.

Judy Parnell du « Westminster Theological Seminary » de Philadelphie, mérite une mention particulière pour avoir consacré une grande partie de son temps à m'aider à utiliser des logiciels ou à résoudre des problèmes techniques au cours des différentes étapes de la rédaction de ce livre.

Enfin, je veux remercier ma famille, particulièrement Barbara, pour avoir été là à chaque étape du projet. Seuls ceux qui en ont déjà profité savent combien une telle aide est précieuse.

Mon espoir est que toutes les personnes qui ont contribué au projet puissent trouver dans le produit final des marques de leur aide dévouée.

INTRODUCTION

Le fossé de la crédibilité

> La culture moderne n'est pas complètement opposée à l'Évangile. Plutôt, elle n'a aucun contact avec ce dernier. Non seulement elle empêche l'acceptation du christianisme, mais elle empêche aussi le christianisme de se faire entendre.
>
> J. Gresham Machen, *Qu'est-ce que le christianisme ?* 1951[1]

L'heure de l'apologétique

Je n'oublierai jamais une conversation que j'ai eue un jour avec un membre de ma parenté, peu après être devenu chrétien. En ébullition en raison de ma foi nouvelle (c'est le moins qu'on puisse dire) et désireux de partager avec ma famille ce que je venais de découvrir, je l'ai mis face aux vérités bibliques, à la réalité de la présence du Christ et à l'espérance du ciel. Assez rapidement, il m'a demandé quelle différence cela ferait dans sa vie de devenir chrétien. Sa question m'a pris de court. J'aurais voulu lui dire qu'il serait une meilleure personne, mais il était l'une des meilleures personnes que je connaissais et sans besoin apparent. J'aurais voulu dire qu'il trouverait un sens nouveau à sa vie, mais cet argument aurait semblé insignifiant à un homme doté d'un bon travail, d'une famille aimante, et dépourvu de la moindre angoisse particulière au sujet des grandes questions de la vie. Tout ce à quoi je pensais semblait inconséquent. Le courant ne passait tout simplement pas.

Dans la mesure où notre culture s'éloigne de certaines normes et valeurs partagées, il devient de plus en plus difficile de convaincre notre génération sur les questions fondamentales. Et de nos jours, les chrétiens ne sont pas les seuls à se sentir impuissants lorsqu'ils partagent leurs plus profondes convictions. Quelle que soit la question abordée, ce ne sont pas ceux qui cherchent à convaincre de manière raisonnée et avec intégrité qui l'emportent, mais plutôt la démonstration de puissance de la rage ou la tyrannie plus subtile de l'expert. Dans ce contexte, de nombreux chrétiens ayant des convictions fortes et une foi profonde se sentent frustrés, à juste titre. Plusieurs barrières sont érigées. Un argument solide peut ainsi tomber dans l'oreille d'un sourd.

En bref, le message chrétien semble *non pertinent* et les disciples du Christ ont de merveilleuses réponses à des questions que leurs contemporains ne semblent pas se poser. Nous sommes comme un marchand qui tente de vendre un ensemble d'alchimie, le plus récent et le plus efficace. Les arguments peuvent bien être vrais et le matériel, excellent, mais personne n'est intéressé parce que personne ne fait d'alchimie.

C'est dans un tel contexte que l'heure de l'apologétique est arrivée. Bien que recommander la foi[2] puisse être difficile, cette

Introduction

démarche s'avère cruciale pour la survie de l'Église et pour la propagation de la vérité. Nous mourons d'envie d'avoir une influence et un impact dans notre société, mais nous faisons face à un fossé de crédibilité entre l'Évangile du Christ et notre culture. Chaque époque fait l'expérience de cette tension, mais, en ce début de XXIe siècle, l'écart entre le message et l'auditoire semble plus grand qu'avant. Pourquoi ?

Il ne fait aucun doute qu'une partie de la réponse est que les chrétiens sont tellement enfermés dans leur propre langage, leur propre jargon et leur propre culture qu'ils se sont isolés des gens qui les entourent. Un grand prédicateur britannique avait l'habitude de dire à ses paroissiens que les choses qui ont le plus grand intérêt pour le croyant sont périphériques dans le cœur du non-croyant et que les choses les plus importantes pour les non-croyants sont insignifiantes pour les disciples du Christ. Il décrivait une réalité qu'il considérait comme normale et bonne. Mais est-il vraiment sain que les chrétiens et non-chrétiens vivent dans des mondes si différents ?

Pour moi, l'indice le plus flagrant de ce fossé de la crédibilité entre les croyants et les sceptiques se trouve dans l'Église. Il m'arrive parfois, lors de la célébration dominicale, d'imaginer que l'un de mes amis non-croyants est assis à côté de moi sur le banc. Quel impact aurait la prédication sur Michel, mon voisin juif ? Ou sur le fan de sport et amateur de bière que je rencontre au match de baseball et dont la devise est « la vie est courte alors, amusez-vous » ? Ou sur M. Mukerji, un ami hindou en visite qui régale les enfants avec ses histoires de voyage et qui considère que sa religion est un accident de naissance ? Quel sens aurait l'Église pour ces personnes, avec son « patois de Canaan » ? Quelle serait leur attitude face à des problèmes que je considère, en tant que chrétien, comme réels, mais qui, sans conteste, ne font pas partie de leur monde ?

Ces questions nous mènent à des questions plus profondes : pourquoi les chrétiens devraient-ils convaincre les autres de ce qu'ils croient ? N'est-ce pas mieux de vivre et de laisser vivre, d'être calme et de n'importuner personne ? Est-ce éthique d'embêter les autres avec la religion ? N'y a-t-il pas quelque chose d'indécent dans l'apologétique, la défense de la foi ?

Ces questions sont en effet sérieuses. Karl Barth (1886-1968), l'un des théologiens les plus influents du XXe siècle, pensait ainsi que l'apologétique chrétienne était une entreprise illégitime. Il enseignait que Dieu devait propager sa vérité directement, sans avoir recours à la complexité des arguments humains. Selon lui, l'apologétique abaissait l'Évangile au niveau de la religion humaine, gâtant ainsi les merveilles de la grâce de Dieu.

Les idées de Barth ont prévalu au sein des facultés de théologie et dans les chaires de nombreuses parties du monde chrétien. Aujourd'hui encore, des années après sa mort, l'apologétique est une discipline qui est négligée dans les cercles où les idées de Barth ont cours. La pensée de Barth offrait-elle quelque chose de pertinent ? Certainement. Une certaine tradition de l'apologétique tend à réduire l'Évangile à une froide construction humaine. Les débats sans fin sur la science et la foi, les preuves de l'existence de Dieu et les spéculations sur la Trinité ont souvent constitué des distractions plutôt qu'une recommandation de la foi.

Toutefois, un tel rejet radical fait face à deux écueils. Tout d'abord, l'apologétique est une exigence de l'Écriture, qui commande aux chrétiens d'être prêts à se défendre devant quiconque leur demande raison de l'espérance qui est en eux (1 Pi 3.15). Pour des raisons que nous ne comprenons pas complètement, Dieu nous a confié la tâche d'être des hérauts de la vérité.

Introduction

Deuxièmement, l'apologétique (la défense de la foi) est impossible à éviter. Ironiquement, pour discréditer l'apologétique, il faut utiliser des arguments apologétiques. Barth lui-même a écrit une somme incroyable de théologie polémique.

Établir un équilibre entre l'esprit et le cœur

Il existe au moins deux autres raisons essentielles en faveur de la défense de l'apologétique chrétienne. La première d'entre elles est que cette dernière donne à manger à ceux qui ont faim. Si la croyance des chrétiens est vraie, les êtres humains ne sont pas complètement ignorants, ils savent qu'ils ont désespérément besoin de réponses. Pour utiliser une image vieille comme le monde, les chrétiens sont comme des mendiants qui, ayant trouvé de la nourriture, voudraient la partager à tout prix. De ce sens, l'apologétique revêt un caractère profondément humain qui s'intéresse à la personne dans son entièreté et ne se limite pas à une suite de techniques arides et de preuves rationnelles.

La deuxième raison est que l'apologétique honore Dieu. Le concept d'honneur a disparu de la société occidentale. De nos jours, ce mot nous fait penser aux chevaliers en armures et à l'amour courtois du Moyen Âge. Mais l'honneur constitue un principe chrétien précieux qui signifie estime, hommage et révérence, choses dues ultimement à Dieu.

Si notre vision de l'apologétique chrétienne ne répond pas à ces deux raisons, Karl Barth a raison. Mais il y a une meilleure façon de voir l'apologétique. Le mathématicien, scientifique et théologien français Blaise Pascal (1623-1662) nous fournit, dans ses *Pensées*, un antidote à l'apologétique froide et rationnelle. Dans cette anthologie de ses réflexions apologétiques, il plaide pour un juste équilibre entre l'esprit et le cœur. À un auditoire suffisant, il déclare « Nous connaissons la vérité non seulement par la raison, mais encore par le cœur ». Et cela, parce que, pour citer le célèbre adage, « Le cœur a ses raisons que la raison ne connaît point[3]. »

Mais attention, il ne faudrait pas mal comprendre Pascal, qui ne dit pas que la foi est irrationnelle. Il effectue plutôt une distinction entre les raisonnements rusés de l'apologétique excessivement rationnelle du philosophe du XVIIe siècle René Descartes et les élans du cœur que l'on peut avoir pour une autre personne, notamment Dieu.

Dans le contexte des écrits pascaliens, cet équilibre est impressionnant. La raison est bonne et nécessaire tant et aussi longtemps qu'elle sait comment se soumettre à la vérité. Pour ce faire, il lui faut la bonne disposition du cœur. Comme le dit Pascal, le cœur a ses *raisons*. Cependant, à lui seul, un système de rationalisme aride ne mènera jamais à Dieu.

Qu'est-ce que l'apologétique ?

Reconnaissons que le terme apologétique n'est pas un terme que l'on entend tous les jours. On pourrait même trouver des arguments pour éliminer ce mot compliqué et lui substituer un autre terme, bien qu'il en existe peu qui seraient pertinents. Nous pourrions utiliser le terme « défense de la foi », car il est vrai que l'Évangile a besoin d'être défendu face aux critiques hostiles. Mais ce terme ne résume de façon précise que certaines parties seulement de l'entreprise apologétique, car la défense n'est pas la seule et unique tâche de l'apologétique, qui implique aussi un élément plus positif. Le terme « recommander la foi » est peut-être meilleur, en tout cas il a l'air plus sympathique que le terme défense. Toutefois, il est peut-être un peu poli, voire timide. On pourrait aussi dire « justifier la foi » (ou « revendiquer la foi »). Mais là encore, les termes semblent un peu belliqueux.

Introduction

De toute façon, puisqu'il n'y a pas de grand enjeu sémantique autour du terme *apologétique*, il vaut mieux garder ce dernier et y ajouter des explications. En réalité, le mot a une origine noble. Étymologiquement, le terme provient du vocabulaire judiciaire grec. Il peut être traduit de manière précise par « éloigner une accusation ». Dans le mot apologétique, nous trouvons la préposition grecque *apo* qui signifie, dans ce cas, « se défaire d'une accusation ou d'un procès », ainsi que le mot *logos*. En grec, le mot *logos* est riche de sens, faisant référence premièrement à la « parole », par laquelle les pensées intérieures sont exprimées. Mais il signifie aussi le processus de la pensée lui-même, soit la « raison ».

Raisonner est une fonction variée pouvant impliquer une conversation, un discours, des comptes rendus ou une histoire. Le genre de raisonnement qui est central à l'apologétique est l'argumentation, qui a pour objectif de rassembler et d'organiser des preuves en faveur d'une personne ou d'une position. Les méthodes de persuasion utilisées dans une discussion peuvent être diverses, tant et aussi longtemps qu'elles permettent toutes de présenter des raisons convaincantes pour la défense d'un point de vue. L'apologétique, qu'elle soit ou non chrétienne, signifie alors plaider (argumenter) pour la défense d'une personne ou d'une position. Elle a pour connotation première la défense.

L'Apologie de Platon constitue l'un des exemples antiques les plus célèbres de ce type de défense. Dans ce chef-d'œuvre philosophique, Platon rapporte la défense qu'oppose Socrate aux accusations et au procès dont il est l'objet. Socrate est accusé de trois crimes : introduction de nouvelles divinités à Athènes ; rejet des dieux officiels de l'État ; et corruption de la jeunesse. Dans son discours émouvant, Socrate en appelle à la vérité en âme et conscience et tente en vain de faire tomber les accusations qui pèsent contre lui. Il emploie ce qui est désormais communément appelé la méthode socratique, par laquelle on pose une série de questions pour mener l'adversaire dans une certaine direction. Lorsque les questions ont reçu les réponses attendues, l'opposant est désarmé.

La méthode socratique est une méthode qualifiée de dialectique parce qu'elle engage dans un dialogue qui fait un usage généreux d'ironies et de paradoxes afin d'approfondir les questions. Socrate racontait aussi beaucoup d'histoires dans ses exposés. Cette méthode est encore aujourd'hui utilisée dans les facultés de droit à juste titre ; l'approche dialectique antique se rapproche beaucoup de la pensée juridique.

De nombreux exemples de ce type de défense sont présents dans la littérature profane. L'un des écrits les plus connus et qui date de la fin de la Renaissance est l'*Apologie de Raimond Sebond* de Montaigne. Rédigé peu après le massacre des huguenots à la Saint-Barthélémy (1572), le texte met en évidence non la suffisance, mais l'absolue vanité de la raison humaine. Notre connaissance est toujours expérimentale, en changement constant et encline à la fierté. L'ironie mordante de Montaigne, associée à sa grande connaissance des auteurs classiques, est si inspirante que sa façon de raisonner est encore pertinente aujourd'hui.

Dans le contexte chrétien, l'apologétique revêt un sens particulier. La défense de la foi est la mission de l'Église depuis deux mille ans. Bien sûr, cette défense a pris différentes formes et a donné naissance à différentes versions de l'apologétique. Mais au fil des siècles, la discipline a été considérée comme une tâche nécessaire et urgente pour les croyants dans leur confrontation avec l'incroyance.

Il ne peut pas en être autrement parce que la foi chrétienne revendique la véracité. Quoi qu'on puisse en dire, la distinction entre vérité et erreur a toujours été fondamentale pour l'Église.

Introduction

Différentes apologies, ou déclarations de la vérité, ont été développées afin de justifier la position chrétienne et de défendre la foi contre les attaques diverses et variées. L'opposition à la foi peut être ouvertement hostile ou plus subtile, mais elle demeure un fait qui nécessite la pratique de l'apologétique.

Un appel aux raisons du cœur

Ce livre constitue une « apologie de l'apologétique » dans le style pascalien. La première partie établira les fondements de l'apologétique. Les chapitres un et deux décriront à la fois certains obstacles et certaines occasions qui permettront de retrouver la persuasion chrétienne aujourd'hui. Bien que notre époque ne soit pas bien différente de n'importe quelle époque en ce qui a trait aux questions fondamentales, nous faisons face à des défis particuliers, par exemple les prétentions de la condition postmoderne. Dans les chapitres trois et quatre, nous nous intéresserons au fondement biblique du travail apologétique, en montrant des moyens variés par lesquels les Écritures non seulement permettent d'user d'une persuasion responsable, mais encore donnent le mandat. Le chapitre cinq, se basant sur les quatre premiers, s'intéressera à la méthode en présentant les principes qui se trouvent derrière les arguments réels en faveur de la position chrétienne.

Dans la deuxième partie, nous traiterons plus spécifiquement des diverses questions qui surgissent lors des discussions apologétiques et nous suggérerons quelques éléments de réponse. Le chapitre six sera consacré aux barrières qui sont dressées contre le fait de croire et répondra à la question : « Pourquoi les gens ne veulent-ils pas se poser les questions les plus fondamentales sur la vie ? »

Nous explorerons ensuite trois questions importantes qui apparaissent souvent dans les discussions sur la foi. La première, au chapitre sept, sera de savoir si la religion est une illusion. Le chapitre huit se penchera sur la deuxième, le caractère unique de la foi chrétienne. Le chapitre neuf s'intéressera au problème du mal.

Enfin, le chapitre dix traitera du sujet de l'assurance, de sa nécessité et de ses limites. Bien que ce qui y est écrit ne soit pas exhaustif, l'objectif de ce livre est d'encourager le lecteur à s'engager dans la persuasion chrétienne en en appelant aux raisons du cœur.

PREMIÈRE PARTIE

LES FONDEMENTS

1

Les occasions exceptionnelles d'aujourd'hui

> Bien sûr, connaître et servir Dieu, c'est pour ça qu'on est ici. C'est une vérité évidente comme le nez au milieu de la figure. Une vérité qui est à portée de main et facilement discernable, mais qui peut nous embrouiller si on essaie trop de se concentrer dessus. Mais avec un peu de foi, on peut y arriver. Quoi d'autre peut suffire *hormis* la foi à notre époque si cynique et si corrompue ? Quand les chats sont là, les souris se cachent, marchent sur les murs, restent dans leurs trous et espèrent que tous ces miaulements ne sont que temporaires.
>
> Garrison Keillor, dans l'émission radiophonique *Lake-Wobegon Radio Show*

Aucun âge d'or

Recommander la foi chrétienne a toujours représenté un défi. Chaque époque connaît ses obstacles propres et ses occasions uniques. Notre époque ne fait pas exception. Pour commencer, il faut donc voir les obstacles et les occasions de manière réaliste, car pour entreprendre la tâche apologétique avec intégrité, nous devons faire clairement la différence entre les obstacles qui sont réels et ceux qui sont peut-être imaginaires.

L'une des raisons pour lesquelles nous ne sommes pas vraiment efficaces lorsque nous pratiquons l'apologétique trouve son origine dans l'idée selon laquelle notre époque serait absolument unique et que les résistances contre la foi en l'Évangile seraient plus fortes qu'avant, et de loin. Selon ce point de vue, la foi chrétienne faisait plus consensus avant. À côté de ces jours heureux, les chrétiens seraient aujourd'hui en déclin et la laïcité aurait muselé le message.

Y a-t-il eu un âge d'or de l'apologétique ? De nombreux candidats pour cet âge d'or sont proposés. Pour certains, il s'agit de l'époque de l'Église primitive où l'Évangile s'est répandu avec une rapidité stupéfiante. D'autres songent au haut Moyen Âge, l'époque des cathédrales gothiques où toute la vie et la culture étaient tournées vers Dieu. Les protestants aiment à se souvenir du temps de la Réforme ou encore de l'époque puritaine ; ils y voient des périodes où l'Évangile a eu une grande influence. Une idée répandue aux États-Unis qualifie l'époque des premières colonies de fondamentalement chrétienne. Mais soyons honnêtes et répondons à la question : le travail de persuasion était-il plus facile avant ? Y a-t-il eu des époques où le contexte culturel général aurait été plus favorable à l'Évangile ?

Il est vrai que des avancées spirituelles extraordinaires se sont produites pendant certaines périodes de l'Histoire et souvent malgré de grandes oppositions. Toutefois, pour ne pas sombrer dans

Les occasions exceptionnelles d'aujourd'hui

une fausse nostalgie, nous avons besoin d'une bonne dose d'honnêteté historique. Si l'on regarde attentivement sous la surface de ce qui semble être une ère de la foi, non seulement les côtés positifs, mais aussi les côtés négatifs se révèlent souvent à nous.

Par exemple, du temps de l'Église primitive, une extraordinaire ferveur prévalait alors que les chrétiens faisaient face non seulement à des oppositions philosophiques, mais aussi à la persécution. Pourtant, à la même époque, l'Église connaissait des dissensions internes et était remplie de sceptiques et de pratiques corrompues. Par exemple, les chrétiens ne remettaient pas vraiment en cause la notion de privilège propre à la culture dans laquelle ils vivaient. Par conséquent, il a fallu du temps pour que le message libérateur de l'Évangile touche la condition de la femme et la vie de famille. Aussi, l'ascétisme était souvent considéré comme l'attitude la plus spirituelle pour le vrai chrétien. Au IVe siècle, une confusion des pouvoirs s'est développée entre l'Église et l'État et cette question occasionne encore de nombreux débats aujourd'hui. Par ailleurs, l'apologétique chrétienne n'a pas toujours été en mesure de positionner clairement l'Évangile contre la philosophie grecque. Des concepts empruntés à la philosophie ont contredit l'Évangile au lieu de le rendre compréhensible[1].

On pourrait dire la même chose des autres époques que certains associent à l'âge d'or de l'apologétique. La civilisation de l'Europe médiévale était un produit de différentes influences qui a connu de grandes bénédictions. L'influence de l'Évangile se trouvait derrière les avancées technologiques, les hospices et les arts, mais il y avait aussi de sérieux obstacles à la foi. Comme le christianisme était la seule religion officielle, il était difficile de distinguer la foi réelle de la pratique nominale. Nombreux étaient ceux qui croyaient que la grâce était dispensée simplement en allant à l'église ou en encourageant un jeune à embrasser la prêtrise.

Le même jugement s'applique à l'Amérique coloniale, où les puritains de la baie du Massachusetts cherchaient à conformer toute leur vie à la loi de Dieu. Pourtant, le consensus chrétien au Massachusetts, qui avait ses limites, n'a pas duré longtemps. Déjà à l'époque de la Déclaration d'indépendance et de la Constitution, le déisme et la philosophie des Lumières avaient autant d'influence que la foi chrétienne. Dans le meilleur des cas, il existait un syncrétisme, un genre d'« humanisme chrétien ». Par ailleurs, des erreurs tragiques contredisaient même le bon côté de l'humanisme, par exemple le problème de l'esclavage ou le traitement réservé aux nations autochtones, qui n'ont pas été abordées sérieusement pendant longtemps et lorsque ce fut le cas, de manière non satisfaisante.

En résumé, la pratique d'une apologétique efficace n'a pas été plus facile autrefois qu'elle ne l'est aujourd'hui. Il n'y a jamais eu d'âge d'or de l'apologétique où recommander la foi ne rencontrait pas d'obstacles considérables.

Aujourd'hui non plus

Ironiquement, nombre de gens pensent le contraire de l'époque présente. Ils affirment qu'il n'y a jamais eu de meilleure époque qu'aujourd'hui pour pratiquer une apologétique efficace. Cette conviction revêt différentes formes, mais nous n'en mentionnerons brièvement que deux.

Selon la première forme d'optimisme, notre époque est l'âge d'or des communications. Les moyens de communication actuels sont si puissants que certains affirment qu'il s'agit d'une occasion inégalée depuis la Réforme, qui a utilisé l'imprimerie, pour propager la Bonne Nouvelle dans le monde entier. Il est vrai qu'en y prêtant une attention superficielle, l'Évangile semble avoir été rendu disponible à de grandes populations et assez facilement par la télévision, la littérature populaire, la radio, l'Internet et d'autres médias.

Seulement, le problème principal avec ce point de vue est qu'il confond la fin et les moyens. Cela ne sert à rien d'avoir un réseau de communication développé si une réelle persuasion ne se produit pas. Le potentiel de la communication est souvent contredit, ironiquement, par les moyens de communication. Par exemple, lorsqu'on regarde des images de guerre au journal télévisé, on a l'impression d'y être, d'être au fait de la situation. Mais regarder le journal télévisé nous donne aussi l'impression d'être impuissants et de ne pouvoir rien faire dans cette guerre.

Les chrétiens courent le risque de se leurrer s'ils pensent que les méthodes modernes peuvent garantir une évangélisation réussie. Prenons comme exemple la multiplication des grandes conférences qui réunissent des milliers de chrétiens. Il y a des rencontres sur l'évangélisation, des conférences sur la mission internationale, des assemblées charismatiques et des rassemblements qui mettent en vedette un ministère particulier ou un conférencier prééminent. En se basant sur l'ampleur de ces méga-évènements, on a l'impression que le christianisme est une force imposante.

Mais si l'on y regarde de plus près, une autre réalité apparaît. Parmi l'auditoire, nombreux sont ceux qui courent d'évènement en évènement, qui écoutent des conférenciers inspirants, mais qui n'emportent pas le message avec eux au travail et dans le monde. Le message lui-même utilise souvent un langage propre à la méditation, mais qui ne touche pas le monde réel. Pour un court instant, une masse de personnes vit un état d'euphorie spirituelle qui ensuite disparaît.

Cela renforce le « tribalisme » qui menace de si nombreux chrétiens aujourd'hui. Il ne fait pas de doute qu'il s'agit d'un tribalisme involontaire, nous rêvons en effet d'avoir une influence sur notre monde, mais nous ne savons pas comment faire. Nous craignons le monde parce qu'il n'est pas réceptif, et donc nous nous retirons dans le havre réconfortant de la communauté chrétienne.

Mais il faut faire attention de ne pas déprécier les bienfaits de la vie moderne. Après tout, qui n'est pas reconnaissant pour les progrès en médecine et pour la prospérité et la sécurité relatives qui existent dans de nombreuses régions de l'Occident ? Selon l'expression de Calvin Seerveld, nous n'avons peut-être aujourd'hui que quelques « arcs-en-ciel[2] », mais ce sont de beaux arcs-en-ciel. Pratiquer l'apologétique chrétienne n'est peut-être pas plus facile aujourd'hui qu'auparavant, mais ce n'est pas forcément plus difficile.

L'espérance postmoderne

Selon la seconde forme d'optimisme concernant le présent, notre époque est ouverte comme elle n'a jamais été à l'Évangile parce que nous sommes « postmodernes ». Selon cette vision, l'un des obstacles principaux au fait de croire en la foi chrétienne est la « modernité ». Ce concept fourre-tout fait référence au mouvement des Lumières du XVIIIe siècle qui place toute sa confiance dans la raison humaine et dans l'inévitabilité du progrès. Depuis cette époque, et jusqu'à la Seconde Guerre mondiale, nous avons connu un embargo sur la possibilité de Dieu[3]. Mais après les dévastations de la guerre et les révolutions des décennies qui ont suivi, la pensée moderne s'est effritée. Nous ne pouvons plus croire en la raison seule.

La vision selon laquelle notre présent postmoderne serait très favorable à l'Évangile semble attrayante[4]. La raison humaine vue comme une norme rigide et universelle n'est en fin de compte pas compatible avec un Dieu souverain et créateur. Mais la fin de l'âge de raison ne correspond pas nécessairement au début de l'âge de la foi. En effet, au cœur de la pensée postmoderne réside une culture du scepticisme poussée. La *condition* postmoderne, comme l'appelle l'intellectuel français Jean-François Lyotard, rejette toute idée de *grand récit* (ou méta récit[5]). Il n'y a plus de vérité, il n'y a plus de clé pour comprendre la vie. Pour de nombreux postmodernes, la connaissance n'est plus objective ni même utile, et l'éthique n'est pas universelle. Tout ce qui nous reste, ce sont des données et des jeux de langage. Ce monde n'est vraiment pas compatible avec l'Évangile.

En plus du problème de l'incompatibilité entre la foi chrétienne et la condition postmoderne, tout optimisme voyant dans le temps présent un âge d'or pose une nouvelle difficulté. Quoi qu'en disent les postmodernes, le monde de l'après-guerre n'est pas très différent de celui de l'époque des Lumières. Il n'est même pas certain que nous soyons sortis de la modernité.

Le sociologue britannique Anthony Giddens a avancé l'argument suivant : lorsque nous comprenons ses structures profondes, la modernité ne peut être dépassée aussi facilement. Des caractéristiques fondamentales comme la confiance dans la raison critique et la foi dans le progrès sont encore très présentes aujourd'hui. Même le désenchantement face à la raison, caractéristique de l'après-guerre, existait depuis longtemps. Quoi qu'il en soit, nous pouvons dire que les critiques à l'encontre de la modernité sont particulièrement acerbes de nos jours[6].

Pour résumer, l'évangélisation n'a jamais connu d'âge d'or et notre époque n'est en rien différente, ni pire, ni meilleure que les autres époques. Chaque époque revêt ses propres caractéristiques, besoins et défis et par conséquent l'apologétique chrétienne doit être consciente du caractère particulier de son époque. Mais nous devons bien comprendre que ce qui fait que l'apologétique est pertinente, quelle que soit l'époque, ce n'est pas le fait de bien comprendre le contexte culturel. La raison de cette pertinence est plutôt le message lui-même, la *bonne nouvelle* de l'Évangile. Par définition, le message est nouveau et même surprenant. Si, dans l'histoire de l'humanité, « rien n'est nouveau sous le soleil » (voir l'Ecclésiaste 1.9), le message lui-même, qui vient d'un autre monde qui n'est pas assujetti au soleil, est nouveau pour aujourd'hui dans tous les sens du terme.

2

À l'encontre d'un impact à bon marché

> La laïcité dominante exerce une pression cognitive sur la conscience religieuse… Certaines personnes, les intellectuels comme les autres, résolvent ce problème en cédant sous la pression.
>
> Peter L. Berger, *L'impératif hérétique*, 1979[1]

Éviter les faux mouvements

Pratiquer l'apologétique de manière authentique implique deux soucis. Le premier est que le message revête une certaine intégrité. C'est-à-dire que pour qu'il y ait un réel effet, le contenu du discours doit être fidèle aux principes fondamentaux de la foi chrétienne. Le second est que le message soit crédible pour ceux qui l'entendent. Nous devons nous engager dans ce que le sociologue américain d'origine autrichienne Peter Berger appelle un « marchandage » avec le monde moderne sans céder face à la vision du monde de ce dernier. Autrement dit, nous devons « traduire » le message dans la langue de l'époque sans pour autant capituler devant la pression de l'esprit du siècle. Ce chapitre constitue une brève découverte de certains des dangers impliqués dans le processus de traduction. La personne qui s'engage dans ce processus peut compromettre le message d'au moins trois façons.

Premièrement, le message peut être compromis lorsque nous perdons patience et que nous essayons de nous faire entendre en prenant le pouvoir, par exemple par la violence. Aujourd'hui, tout autour du monde, des fanatiques religieux tentent d'établir le royaume de Dieu en prenant la justice en main. Il existe aussi des moyens plus subtils de chercher le pouvoir, comme le fait de promouvoir des changements législatifs et politiques sans altérer les facteurs spirituels sous-jacents qui les gouvernent.

Cette attitude ne prend pas en compte la réalité des structures qui revêtent une *autorité culturelle*, dans lesquelles se combinent des convictions religieuses et morales qui servent de liens à la société. C'est la « colle » qui lie entre elles toutes les sphères d'une société donnée et qui renforce le tout. Lorsque nous essayons de faire en sorte que la foi chrétienne ait un impact, mais que nous négligeons la tâche lente et patiente qui consiste à infuser le changement dans toutes les sphères de la société (notamment la famille, le travail, les médias, les affaires et la politique), nous ne nous attaquons qu'à la surface et le vrai changement se dérobe. Aussi frustrant qu'il puisse être de travailler plus en profondeur et à long terme, c'est le seul moyen pour que l'Évangile ait un impact durable.

Deuxièmement, le message peut être compromis pour des raisons contraires à celles que nous venons de voir : la foi chrétienne se « privatise », ce qui signifie que l'on est heureux d'avoir des croyances chrétiennes, mais uniquement pour soi-même, en faisant attention de ne pas embêter les autres. La privatisation se fond dans une tendance croissante aux États-Unis et en Occident en général. Selon les sociologues, nous nous renfermons sur nous-mêmes, nous vivons notre vie à la maison, accrochés à des gadgets divertissants ou à nos écrans d'ordinateur. Nous pouvons faire nos opérations bancaires sans même parler à un employé de banque. Nous pouvons débattre d'une question sur Internet sans même faire face à la partie adverse.

De nombreux chrétiens sont satisfaits de garder leur foi pour eux-mêmes sans chercher à influencer leur prochain. Ils se tribalisent en s'isolant de la culture qui les entoure. Non seulement cela contredit le commandement biblique clair de ne pas allumer de lampe pour la mettre sous un boisseau (Mt 5.15), mais cela empêche aussi une société dans le besoin de bénéficier des avantages et du pouvoir guérissant de l'Évangile.

Bien que l'isolement semble protéger la communauté chrétienne du monde qui l'entoure, il nourrit en réalité un autre type de comportement « du monde », qui crée son propre havre de paix, à l'abri de l'environnement dans lequel Dieu nous a placés. Bien qu'il y ait place à la contemplation et à la méditation dans la vie chrétienne, le fait de sortir et de rencontrer d'autres personnes est tout aussi important. En effet, le dernier commandement de Jésus a été : « Allez, faites de toutes les nations des disciples » (Mt 28.19).

La troisième mauvaise stratégie qui peut compromettre le message est plus proche de l'idéal, mais s'en écarte passablement, c'est ce que j'appellerais « l'évangélisation réductrice ». Avec cette approche, le risque est de penser qu'étant donné que le monde est un environnement hostile – un endroit qui tire à sa fin et qui va être remplacé par les nouveaux cieux et la nouvelle terre – l'on peut prêcher un message de salut unidimensionnel. On cherche ainsi à sauver des âmes, non des personnes dans leur entièreté, avec l'objectif d'en faire entrer le plus possible aux cieux.

À certains égards, la proclamation du message d'espoir à un monde perdu n'est pas la priorité la plus urgente. Cependant, le mandat biblique est bien plus large qu'une simple proclamation. En effet, le commandement du Christ est de faire des disciples et pas seulement de sauver des âmes. Une évangélisation mieux équilibrée doit en appeler à la personne dans son entièreté. Cela a des implications pour le monde d'à présent, et non uniquement pour le monde à venir.

L'apôtre Paul raconte à ses lecteurs romains, dans les onze premiers chapitres écrits de manière dense, les merveilles de l'Évangile de la grâce. Puis, au chapitre 12, il utilise tout ce qu'il a dit avant pour leur dire comment vivre. Le mot de transition que l'on trouve est « donc » (« Je vous exhorte donc », Ro 12.1) et la suite est surprenante. On aurait pu s'attendre à ce que Paul le zélote, Paul qui a persécuté l'Église et qui désormais prêche l'Évangile, Paul le missionnaire infatigable, dise à ses lecteurs : « Je vous exhorte donc à aller prendre le pouvoir », ou « Je vous exhorte donc à tenir bon et à prier », ou encore « Je vous exhorte donc à sortir et à gagner des âmes ». Il ne dit rien de cela. Au contraire, il leur dit de rendre un culte à Dieu avec leur corps et leur esprit (12.1). De cette manière, ils confirmeront combien est vraiment excellente la volonté de Dieu (12.2).

La volonté de Dieu, telle que Paul la comprend, s'applique à la vie dans son entièreté. Dans les chapitres subséquents de sa lettre, il explique comment. Les vrais adorateurs ont une haute opinion des autres et une modeste opinion d'eux-mêmes (12.3-13). Ils obéissent à l'autorité, même sous la persécution, et cherchent à vivre en paix avec ceux qui les entourent (12.14 – 13.7) ; ils s'attachent à vivre dans une intégrité éthique (13.8-14) ; ils portent une attention particulière à ceux qui sont faibles dans la foi (14.1 – 15.6). Ces attitudes visibles parmi les chrétiens pousseront les païens à vouloir se joindre à eux

(15.7-22). Finalement, tout comme Paul, les disciples du Christ ont à cœur de s'occuper des pauvres et des affamés (15.23-33).

Le cœur de l'argumentation de Paul, c'est que seule l'adoration met en évidence la fin ultime de la volonté de Dieu, parce que l'adoration commence là où la vie chrétienne devrait commencer, avec la connaissance personnelle de Dieu lui-même. Sa personne équivaut à sa volonté ; son caractère, voilà ses commandements.

Autrement dit, bien que les trois mauvaises stratégies que nous venons de voir réduisent l'impact de l'Évangile, il y en a une qui sert ce dernier : rendre un culte à Dieu, corps et âme, cœur et esprit. Lorsque nous communiquerons et parlerons correctement avec le Dieu vivant, nous ferons beaucoup de bien sur cette terre. Lorsque nous aimerons Dieu comme nous le devons, nous aimerons aussi notre prochain. Aimer notre prochain, c'est aussi lui recommander les vertus de l'Évangile, et c'est là que l'apologétique entre en jeu. Un esprit céleste ne contredit pas le souci des choses terrestres. Paradoxalement, ceux qui sont les plus dévoués envers Dieu sont souvent ceux qui sont les plus productifs ici-bas.

Deux cités, deux amours

La meilleure illustration de ce paradoxe pourrait être l'apologétique de Saint-Augustin (354-430). Évêque d'Hippone en Afrique du Nord, Augustin a vécu à l'époque où l'Empire romain connaissait un déclin rapide. Les citoyens cherchaient un bouc émissaire et rejetaient la responsabilité de la détérioration de la situation de l'Empire sur les chrétiens. Lorsque la « Ville éternelle » fut pillée par les Goths en 410 apr. J.-C., l'Église a été montrée du doigt. Puisque les chrétiens ne croyaient qu'en un seul Dieu, l'Église a été accusée d'avoir corrompu la cité. Les dieux païens de Rome étaient plus anciens et l'on pouvait leur faire confiance pour protéger le peuple de ses ennemis, mais la foi chrétienne a fait intrusion en déclarant qu'il n'y avait qu'un seul Dieu. Comme cette « nouvelle » religion n'acceptait aucun syncrétisme avec d'autres religions et que son Dieu refusait de faire partie du panthéon romain des dieux, les dieux païens ne protégeaient plus la cité. La chute de Rome a donc été mise sur le dos des chrétiens non collaborant qui croyaient en un Dieu non collaborant.

Augustin a répondu à cette attaque par son extraordinaire traité contre le paganisme, *La cité de Dieu*. Il y avance l'argument selon lequel la philosophie grecque, la vie romaine et la prophétie biblique montrent toutes qu'il ne peut y avoir qu'une seule vérité, car un seul Dieu répond aux aspirations de tout homme. Il continue en disant que l'Église n'est pas coupable des problèmes que Rome a connus et que Rome serait un meilleur endroit – bien meilleur que ce que les dieux pouvaient faire – si cette unique vérité était confessée.

Contre les accusations de déloyauté, Augustin affirme que l'espérance du ciel rend en fait la vie sur cette terre plus productive, pas moins. Loin de refuser de collaborer, les chrétiens sont de meilleurs citoyens, ils sont plus généreux envers le pauvre et ils contribuent davantage à la paix que les païens. Les parallèles entre le Ve siècle et le nôtre sont frappants.

L'accusation est souvent lancée aujourd'hui selon laquelle le monde connaît des problèmes à cause de la propagation de l'intolérance. Les personnes qui sont religieuses seraient particulièrement intolérantes parce qu'elles ne croient qu'en une seule vérité. Malheureusement, comme nous l'avons constaté, il y a des fanatiques qui poursuivent des stratégies aberrantes. Mais si nous suivons la discussion de Paul dans Romains 12, nos conclusions seront très différentes. L'amour pour la « Cité de Dieu » signifie une plus grande participation à la « cité des hommes », et non une participation moindre. Rendre un culte à Dieu signifie une meilleure apologétique, et non une moins bonne.

De nos jours, nous pourrions utiliser des réponses apologétiques comme celles de Saint-Augustin. Son approche est double : étant négative, dans la mesure où il détruit les arguments contre l'Église au moyen d'une investigation érudite et attentive des faits. Mais de l'autre côté, et de manière plus fondamentale, elle est positive : Saint-Augustin répond aux accusations faites contre l'Évangile en construisant une vision chrétienne du monde.

La Cité de Dieu n'est rien de moins que le début d'une nouvelle philosophie de l'histoire. Au lieu de l'antique vision cyclique, une approche linéaire y est mise de l'avant selon laquelle l'Histoire va d'un début vers une fin. Aussi complexes et contradictoires que sont les mouvements de l'Histoire, cette dernière avance inexorablement vers le point culminant où Dieu jugera le monde et établira un nouvel ordre. Autrement dit, cette apologétique est universelle et englobe tout.

Lorsque nous comprendrons correctement à la fois les obstacles et les possibilités de notre monde, nous pourrons être à la fois réalistes et pleins d'espoir – le réalisme avec l'espoir, ou encore mieux, le réalisme *en raison de* l'espoir. Ainsi, l'impact que nous aurons sera vraiment authentique.

3

L'apologétique apostolique

> La foi chrétienne ne repose pas simplement sur de grands enseignements ou sur des philosophies, ni sur le charisme d'un leader spirituel, ni sur le fait d'inculquer des valeurs morales, ni sur les compétences ou l'éloquence ou les bonnes œuvres de ses partisans... le christianisme repose sur la vérité historique.
>
> Charles Colson, *Un Dieu d'amour*, 1983[1]

Les leçons de la première épître de Pierre

En fondant un concept comme l'apologétique sur la Bible, il nous faut reconnaître qu'il n'y a pas nécessairement un texte unique, encore moins un seul terme hébreu ou grec, qui justifie ce concept. Il en est de même, par exemple, du concept de *sacrement*, qui n'est pas fondé sur un verset ou sur un terme du texte original, mais plutôt sur un thème provenant de l'enseignement général de la

Bible. Cependant, comme dans le cas de l'apologétique, un verset très significatif du Nouveau Testament vaut son pesant d'or. Nous allons ainsi commencer par le verset pour ensuite embrasser l'horizon biblique plus large.

Le verset clé est 1 Pierre 3.15, qui stipule : « Mais sanctifiez dans vos cœurs Christ le Seigneur, étant toujours prêts à vous défendre [*apologia*] avec douceur et respect, devant quiconque demande raison de l'espérance qui est en vous ». Le mot grec *apologia* est un nom qui signifie littéralement « défense verbale » ou « réponse ». Le verbe *apologeomai* signifie « se défendre ». Ces termes sont utilisés dix-huit fois dans le Nouveau Testament et différents termes hébreux équivalents peuvent être trouvés tout au long de l'Ancien Testament.

Dans presque tous les cas, ces termes ont une connotation légale ou qui a trait au tribunal. Par exemple, notre Seigneur dit à ses disciples : « Quand on vous mènera devant les synagogues, les magistrats et les autorités, ne vous inquiétez pas de la manière dont vous vous *défendrez* ni de ce que vous direz » (Lu 12.11, italiques pour souligner). Ou encore, l'apôtre Paul s'est souvent retrouvé devant des dirigeants comme Félix, Festus ou Agrippa pour *défendre* sa position[2].

L'épître est en premier lieu une lettre d'encouragement[3]. D'après différentes expressions utilisées, nous savons que les lecteurs de la lettre se trouvaient dans l'adversité. Pierre dit d'eux qu'ils sont « étrangers et dispersés » (1.1). Il dit aussi : « [...] je vous écris ce peu de mots, pour vous exhorter et pour vous attester que la grâce de Dieu à laquelle vous êtes *attachés* est la véritable » (5.12, italiques pour souligner). Le message central de l'épître a très bien été formulé par le théologien Edmund P. Clowney : « Face aux attaques imminentes contre l'Évangile, Pierre témoigne de la grâce de Dieu, la réalité insaisissable de ce que Dieu a fait en

Jésus-Christ⁴. » En allant plus loin, nous pouvons voir que dans ce message central se trouve un souci particulier concernant la réponse chrétienne à la *souffrance*.

Notre passage sur l'apologétique se soucie certainement de la souffrance, comme nous le révèle une étude du contexte. Dès les versets 13 et 14 du troisième chapitre, nous prenons connaissance de la philosophie de Pierre – selon laquelle tout le monde, y compris les disciples du Christ, doit souffrir dans cette vie. Nous sommes souvent surpris par la souffrance, nous sentant coupables et nous demandant ce qui ne va pas, alors qu'il n'existe pas de cause simple.

Mais la souffrance des chrétiens a un but. Bien qu'il ne soit pas toujours possible d'en identifier la cause, dans le contexte plus grand du plan de Dieu, il y a un sens à notre expérience. Job, une figure importante de l'Ancien Testament, ne savait pas et n'a jamais réellement compris pourquoi il dut faire face à de telles afflictions. Nous voyons cependant dans le récit qu'il y avait un dessein dans son cas.

En fin de compte, selon les vues de Pierre, non seulement la souffrance a-t-elle un but, mais en plus elle n'est pas, ultimement, un malheur pour les chrétiens. « Vous êtes bénis », dit-il. Non parce que la souffrance mène à une quelconque amélioration, mais parce qu'en souffrant nous sommes en communion avec le Christ. Ceux qui ont vécu cela reconnaissent ce mystère.

Ainsi, nous ne devons avoir aucune crainte (v. 14) ni aucune terreur que nous pourrions être en quelque sorte désarmés. Dans les paroles de Jésus déjà mentionnées, il est aussi question de crainte : « ne vous inquiétez pas de la manière dont vous vous défendrez ni de ce que vous direz » (Lu 12.11⁵) – le verbe utilisé est *apologeomai*. Ces paroles adressées aux disciples ont dû beaucoup impressionner Pierre. Lorsqu'il y a une bonne défense, la crainte n'est pas de mise.

Il continue au verset 15 : « Mais sanctifiez dans vos cœurs Christ le Seigneur. » Ici, l'apôtre effectue une sorte d'équation, ou un échange : lorsque nous élevons le Christ, nous perdons la crainte. Ce principe spirituel revêt une dimension psychologique en ce que lorsque nous nous concentrons sur le Christ, les autres pensées s'estompent de manière étrange.

Le fait que ce principe dépende de la vérité objective est toutefois bien plus important. Puisque Dieu a triomphé du mal, lorsque nous nous tournons vers le Seigneur, nous réalisons que rien d'autre ne peut ébranler notre position. Vraiment, rien ne se compare à sa victoire : « Si Dieu est pour nous, qui sera contre nous ? » (Ro 8.31.) Pierre connaissait cette comparaison, car lors de la terrible nuit où Jésus fut arrêté il perdit son calme, oubliant d'élever Dieu (Mt 26.69-74). Cependant, au moment où il écrivait cette épître, il avait été pardonné et rétabli, et il occupait une place centrale dans l'Église primitive qui demandait beaucoup de courage.

Dans sa lettre, Pierre opère en réalité une adaptation de Ésaïe 8.12,13, qui constitue une mise en garde adressée aux Israélites afin qu'ils ne suivent pas les voies des Assyriens qui sont leur plus grande menace[6]. Le peuple de Dieu était continuellement tenté de placer sa confiance dans des nations puissantes plutôt qu'en le Seigneur. Cependant, Ésaïe les appelle à ne pas craindre ce qu'ils (les Assyriens) craignent, mais à craindre le Seigneur. Ils doivent le sanctifier en étant dévoués à Dieu comme Sauveur et Seigneur transcendant[7].

Passer de la crainte à la foi

Voilà donc la confirmation vétérotestamentaire de notre grand principe spirituel : lorsque nous craignons Dieu, les autres craintes diminuent. La plupart d'entre nous savent que la « crainte du Seigneur » dans l'Ancien Testament ne signifie pas une terreur, mais plutôt un émerveillement confiant devant Dieu qui est à la fois puissant et bon. Cela est bien illustré par un petit épisode des *Chroniques de Narnia* de C. S. Lewis. À un certain moment, Lucy demande si Aslan, le grand lion qui représente le Christ dans l'histoire, est dangereux. La réponse qu'elle reçoit est : « Dangereux ? Évidemment qu'il est dangereux. Mais il est bon. »

La confiance en la bonté de Dieu nous permet de dire avec Ésaïe : « N'appelez pas conjuration tout ce que ce peuple appelle conjuration ». Vivant dans un monde hostile, nous pensons à de nombreuses menaces – certaines sont imaginaires, mais beaucoup sont réelles. L'apologétique reconnaît la réalité de l'opposition, mais offre des réponses fondées sur l'assurance que la bonté de Dieu est ultime.

L'opposition à laquelle faisaient face les chrétiens du Ier siècle revêtait plusieurs visages, comme la persécution physique, les agressions verbales ou des moyens plus subtils. Le verset 15 de 1 Pierre 3 évoque vraisemblablement une hostilité verbale, comme nous pouvons le voir non seulement dans la proposition « devant quiconque vous demande raison », mais aussi à partir du contexte. Pierre traite des sortes de souffrances que l'on peut vivre, telle que la persécution au moyen de « questions » accusatrices dont le but est de provoquer une réaction.

Pierre dit à ses lecteurs d'être prêts, doux et d'avoir une bonne conscience. En réalité, la plupart des discussions apologétiques sont bien plus que des joutes intellectuelles. Les questions de la vérité, de la vie et du sens provoquent rarement l'indifférence lorsqu'elles sont soulevées par ceux qui sont en quête ou par les sceptiques. En faisant de l'apologétique, nous sommes engagés dans une bataille spirituelle.

En suivant le raisonnement de Pierre, nous voyons que l'arme la plus importante dans cette lutte spirituelle c'est de mettre en ordre notre propre vie. Selon ses termes, les questions fondamentales se situent dans le cœur humain qui, selon la compréhension biblique, est le centre de toute personne. C'est bien dans ce lieu que les questions de la vie sont déterminées[8]. Le cœur est notre centre, notre priorité, parce que c'est là le lieu où nos engagements fondamentaux se situent. Ainsi, le proverbe 4 nous dit « Garde ton cœur plus que toute autre chose » (v. 23 ; voir aussi v. 20-23).

Pierre mène ensuite la discussion vers une réalité du Nouveau Testament, adaptant le passage d'Ésaïe jusqu'à son accomplissement en Christ : « Révérez Christ le Seigneur ». Citant Ésaïe, mais changeant légèrement les termes il dit en effet : « Sanctifiez dans vos cœurs Christ le Seigneur ». De nouveau, avec les mots de Clowney : « [Pierre] identifie explicitement celui qui a dormi à l'arrière de la barque de pêche au Créateur tout-puissant des cieux et de la terre[9]. »

C'est ce que Jésus a enseigné dans son dernier discours aux apôtres avant de quitter ce monde, tel que cela est consigné dans Jean 14 – 16. Il dit qu'il y aura des tribulations et de la peur dans ce monde. Mais si nous reconnaissons et mettons notre confiance en Christ, si nous « le voyons » (ce que Philippe avait du mal à faire) nous perdons la crainte du monde.

Connaître les réponses

En nous intéressant à l'argument de Pierre, nous comprenons que lorsque nous sanctifions le Christ et que nous perdons notre crainte du monde, nous commençons à être prêts. Il dit à ses lecteurs de toujours être prêts à pratiquer l'apologétique. En gros, être prêt implique deux choses : connaître les réponses et être sensible aux besoins. Donc premièrement, quel message devons-nous transmettre à ceux qui posent des questions difficiles ? La réponse de

Pierre est intéressante – afin de décrire le message chrétien, il aime utiliser le mot *espérance*[10].

Dans la Bible, le mot espérance ne revêt pas la connotation d'incertitude qu'il a aujourd'hui. Lorsque nous disons « j'espère que la guerre finira bientôt », ou « j'espère avoir des nouvelles de mon ami », il existe une réelle possibilité qu'une issue différente de celle attendue se produise. Mais dans le Nouveau Testament, le mot est utilisé dans un sens assez différent, signifiant une telle confiance sur l'issue que l'on est prêt à tout parier. L'Évangile ne parle pas en termes de souhaits, mais en termes de pleine assurance. Dans 2 Corinthiens 1.12, Paul dit « Je sais en qui j'ai cru ». Parce que, ajoute-t-il, il y a « Christ en vous, l'*espérance* de la gloire » (Col 1.27). Notre espérance, en tant que chrétiens, c'est notre certitude que le message est vrai ; c'est une espérance qui « ne trompe point » (Ro 5.5[11]). Comme le dit l'auteur de l'épître aux Hébreux : « Retenons fermement la profession de notre espérance, car celui qui a fait la promesse est fidèle » (Hé 10.23).

Ce merveilleux message, aussi approprié qu'il soit pour expliquer le temps présent, est aussi et essentiellement une promesse des choses à venir, fondée sur le fait absolument avéré que le Christ est mort pour les pécheurs et qu'il est monté au ciel selon les Écritures. Cette espérance, c'est la venue du royaume, la conquête du monde et de tous les domaines de nos vies par Jésus et son amour. Comme aimait à le dire le grand homme d'État et théologien hollandais Abraham Kuyper : « Il n'y a pas un centimètre carré dans toute la création dont Jésus-Christ ne proclame : c'est à moi ! Cela m'appartient[12] ! » Si la foi chrétienne est vraie, ce n'est pas de l'arrogance ni une proclamation mal assurée d'une personne grandiloquente ou fanatique, mais un message de liberté, de grâce et d'espérance.

Notez que dans notre verset clé la pratique de l'apologétique est verbale. Si l'apologétique revêt un sens légal important et signifie « se libérer d'une accusation », nous voyons qu'il est spécifiquement question de défense verbale. Il est primordial de souligner cela devant l'idée sincère, mais trompeuse, selon laquelle le fait de mettre les choses en paroles détruirait l'authenticité de la vérité de Dieu. Même le grand Charles Spurgeon aimait à dire que la défense de l'Évangile était « pure impertinence ». Il soutenait que l'apologétique ressemble à un homme qui se fait l'idée de défendre un lion et qu'il valait mieux le laisser tout simplement hors de sa cage. « Ne vous souciez pas de défendre le Deutéronome ou tout le Pentateuque. Prêchez Jésus-Christ crucifié[13]. »

Cette objection est puissante, car elle nous demande d'éviter de faire toute chose qui saperait ou contredirait la puissance de l'Évangile. Ainsi, tout comme un critique littéraire pourrait démolir un bon poème, certaines personnes pensent que c'est un affront d'interférer avec l'Évangile par une quelconque défense humaine. Mais la faute de cet argument est double. Premièrement, ceux qui avancent un tel propos ignorent le fait que l'Évangile n'est jamais seul ; il a toujours besoin d'un quelconque intermédiaire qui le mène jusqu'aux oreilles des gens. Deuxièmement, c'est ignorer le merveilleux de la sagesse de Dieu. Il ne fait aucun doute qu'il aurait pu proclamer la vérité lui-même sans avoir recours au savoir-faire humain en matière de persuasion. Mais au lieu de cela, il nous accorde l'honneur suprême d'utiliser notre entremise humaine, faible et fragile pour porter le précieux trésor du message divin.

Dans Actes 10, nous trouvons un épisode montrant comment Dieu œuvre par son peuple. Alors que Corneille, un païen craignant Dieu, prie, un ange lui apparaît et lui annonce que ses prières ont été exaucées. Il lui faudra recevoir un homme appelé Pierre et écouter son message. Entre-temps, Pierre a une vision dans laquelle on lui dit d'accepter toute nourriture, même la nourriture auparavant interdite, et de la considérer comme pure. Cet épisode constitue le prélude de la proclamation de l'Évangile aux non-Juifs. Pierre se rend ensuite chez Corneille, prêche le message de l'espérance et Corneille, ainsi que sa famille, reçoit la grâce de Dieu.

Dans ce récit, ce qui étonne est que pendant qu'il parlait à Corneille, l'ange aurait pu en même temps lui proclamer le message de l'Évangile. Beaucoup de temps et d'efforts auraient été épargnés. Mais il ne l'a pas fait. De plus, la voix qui s'est adressée à Pierre aurait aussi pu parler à Corneille. Au lieu de cela, le Seigneur choisit d'impliquer un intermédiaire humain pour prêcher l'Évangile et cela en est ainsi depuis lors. Ceux qui évitent de pratiquer l'apologétique au nom de « laisser le Seigneur faire son propre travail » finissent par avoir l'air plus spirituels que Dieu lui-même.

Connaître les besoins

La deuxième partie de l'exhortation de Pierre à être prêt est tout aussi instructive. Il ne suffit pas d'avoir des réponses géniales si nous ne voyons pas les besoins et ne comprenons pas notre public cible. Pour pratiquer l'apologétique, il faut connaître un peu de psychologie. Ceux qui se souviennent d'avoir vu Francis Schaeffer de l'Abri, la petite communauté montagnarde suisse, répondre à des questions, se rappellent son sens quasi surnaturel pour détecter le « problème derrière le problème » chez de nombreux étudiants.

Mais il y a quelque chose d'autre, de plus crucial, dans le fait de voir les besoins et qui implique de comprendre les circonstances, ce qui est tout autant une question de sagesse spirituelle que de capacité scientifique à suivre les tendances et les courants culturels. Nous trouvons dans 1 Chroniques 12.32 un bref, mais éloquent récit sur la tribu d'Issacar, qui est un exemple du discernement que Pierre demande : « Des fils d'Issacar, qui savaient *discerner* les temps pour comprendre ce que devait faire Israël[14] ».

Ce don du discernement a permis à Issacar de faire une évaluation de la culture du peuple vivant autour d'Israël et ensuite de conseiller des dirigeants comme David.

De la même manière, Jésus fait allusion à la nécessité d'une telle sagesse. Il réprimande les scribes parce qu'ils discernent l'aspect du ciel, mais passent à côté du moment historique qui se déroule devant eux[15]. Pour parler de nouveau de Spurgeon, mais cette fois-ci favorablement, il est intéressant de noter qu'il recommandait que les chrétiens tiennent une bible dans une main et un journal dans l'autre, les comparant constamment. Les lecteurs familiers avec la profondeur et la qualité de certains journaux européens comprendront la signification de la recommandation de Spurgeon.

Un lecteur consciencieux peut ne pas se sentir apte à évaluer les tendances et à juger le mouvement de la culture environnante et ainsi se demander s'il est possible de pratiquer l'apologétique sans être au fait de l'actualité. La réponse est double. Premièrement, tout chrétien reçoit un appel spécifique du Seigneur. Tous ne sont pas appelés à pratiquer une apologétique culturelle de pointe. Certains sont efficaces en ne faisant que partager leur sagesse ou en donnant leur témoignage. D'autres ne disent pas grand-chose, mais quand ils parlent, on remarque leur intégrité. Pierre ne dit pas : « Sachez toutes les réponses » ; il dit : « Soyez prêts ».

La deuxième réponse est que tout chrétien devrait s'intéresser un tant soit peu à la psychologie humaine ou à l'analyse sociale. Cela peut impliquer des études sérieuses, comme suivre des cours ou lire des livres ; ou discuter de livres et de tendances en groupe ; ou développer une certaine connaissance de la vie sans passer par une formation formelle. Quel que soit notre appel, si nous voulons suivre le mandat de Pierre, nous devons faire des efforts.

Un dernier mot : la façon fondamentale d'être prêt n'est pas premièrement intellectuelle. Les premiers mots de 1 Pierre 3.15

stipulent : « Mais sanctifiez dans vos cœurs Christ le Seigneur... prêts à vous défendre avec douceur et respect... ayant une bonne conscience. » Autrement dit, non seulement devons-nous connaître les bonnes réponses, mais nous devons aussi les communiquer de la bonne façon. Vous connaissez probablement des personnes qui peuvent remporter n'importe quel débat, mais perdre leur interlocuteur, voire leur propre âme, si leur vie ne démontre pas ce qu'ils proclament. Personne ne s'approche de la perfection, mais pour l'apologète, une vie spirituelle saine n'est jamais un luxe.

En somme, l'apologétique est une question d'*argumentation*, ce qui signifie développer une séquence persuasive de mots pour répondre aux défis d'une culture incroyante. Il existe ainsi une affinité, mais pas une similitude directe, entre apologétique et évangélisation. L'évangélisation est une attitude missionnaire qui vise à proclamer l'Évangile en toutes circonstances. L'apologétique est une partie de cet effort missionnaire, spécialisée en argumentation et qui s'intéresse aux questions et aux méthodes qui renversent « les raisonnements et toute hauteur qui s'élève contre la connaissance de Dieu » (2 Co 10.5). L'apologétique est donc une sorte de science, une discipline qui élabore des façons solides de présenter l'Évangile.

4

Le mandat biblique dans sa globalité

> « Venez et plaidons ! dit l'Éternel »
>
> Ésaïe 1.18, VIIIe siècle av. J.-C.

Enraciné dans l'Ancien Testament

Afin de justifier bibliquement l'apologétique, le texte classique de Pierre pourrait suffire. Mais il est possible d'aller plus en profondeur. Si nous acceptons de définir l'apologétique tout d'abord comme un argument solide, nous voyons que toute l'Écriture montre le besoin de l'apologétique.

Tout comme la Bible ne commence pas par les Évangiles ni par les épîtres, le travail de l'apologétique ne trouve pas ses racines uniquement dans le Nouveau Testament. L'Ancien Testament est fort et riche en arguments persuasifs. Depuis le tout début, le combat pour la vérité se situe sur le terrain de « l'apologétique » ;

lorsque Satan tente Ève, il se base sur un argument (fallacieux) concernant l'autorité et la sagesse. L'échec du premier couple à répondre correctement est lui-même remédié par la grâce de Dieu, par un argument apologétique. L'Éternel Dieu présente d'abord un argument contre le serpent dans ce qui est parfois appelé le « proto-Évangile » (Ge 3.14,15), qui contient un puissant message apologétique pour l'humanité et qui culmine par la promesse « celle-ci [la postérité de la femme] t'écrasera la tête, et tu lui blesseras le talon ». Le résultat ultime de l'histoire est la chute du mal et la victoire de la postérité authentique, le Christ lui-même. L'Écriture présente ensuite un argument contre la femme et l'homme, leur disant comment ils allaient vivre, ainsi que toute la postérité humaine, sous le régime d'un monde déchu.

À partir de ce moment dans l'Ancien Testament, la vérité est défendue par différentes personnes et de différentes manières – partant de Noé, qui prêche le jugement à sa génération, allant à Qohelet (l'auteur de l'Ecclésiaste), qui montre la futilité de la vie sans Dieu, et à David, pour qui la vérité finira par triompher de ce qui semble alors prévaloir (Ps 37).

L'apologétique pratiquée par les prophètes est particulièrement instructive. Ésaïe, par exemple, est porteur d'un appel puissant à la vérité. À travers lui, l'Éternel invite le peuple d'Israël à débattre avec lui et il met les idolâtres au défi de plaider leur cause (És 41.21[1]). « Produisez vos moyens de défense », leur dit-il, leur enjoignant avec une ironie considérable d'user de contre-apologétique. En résumé, il demande que la vérité soit débattue et mise à l'épreuve devant un tribunal.

L'apologétique des prophètes peut être négative, comme nous le voyons dans Ézéchiel 14.1-4. À cet endroit, Dieu répond aux idolâtres qui veulent consulter le prophète, disant qu'il leur *répondrait* lui-même afin de regagner leur cœur[2]. Notez qu'ici on se rapproche d'un argument persuasif contre une autre position. Mais elle peut être aussi positive, comme dans Jérémie 15.19-21, où le Seigneur affirme : « Si tu te rattaches à moi, je te répondrai, et tu te tiendras devant moi. Si tu sépares ce qui est *précieux* de ce qui est *vil*, tu seras comme ma bouche. C'est à eux de revenir à toi, mais ce n'est pas à toi de retourner vers eux…[3] »

Nous avons ici une sorte de « volte-face » apologétique. Théologiquement parlant, le péché entraîne la culpabilité. Dieu, l'accusateur juste, a des griefs contre nous ; cependant en raison de sa grâce, le procès pivote en notre faveur lorsqu'il plaide lui-même. Si nous nous tournons vers lui, Dieu accuse notre accusateur mettant ainsi fin à notre culpabilité par l'œuvre du Christ[4].

Nous pouvons mentionner une autre facette de cette volte-face. Non seulement Dieu accuse-t-il l'accusateur, mais il le fait en se substituant au pécheur, s'accusant lui-même afin que les croyants ne soient pas condamnés. Lorsque les Israélites erraient dans le désert et qu'ils accusèrent Moïse de les avoir menés au pays de la soif, le remède de Dieu a été stupéfiant. Il dit à Moïse de frapper avec le bâton du jugement sur le rocher où Dieu lui-même se trouvait. En d'autres termes, Moïse devait juger Dieu plutôt que son peuple. De l'eau est sortie du rocher – l'eau de vie – prédisant le sacrifice vivifiant de Jésus sur la croix (Ex 17.1-7). L'apologétique est possible parce que Dieu a remporté son plaidoyer contre le péché et la culpabilité, qui ont été portés par son propre Fils.

L'apologétique et la sagesse

La littérature de sagesse que l'on retrouve dans la Bible est une source particulièrement riche en matériel apologétique[5]. Essentiellement, la sagesse fait référence à la capacité de penser et de vivre les mystères de l'existence humaine. Son point de départ est la crainte du Seigneur[6], mais sa fin se situe dans toute l'expérience humaine. Il existe plusieurs types de littérature de sagesse, par exemple, les dictons brefs et féconds des proverbes qui prescrivent des règles pour vivre bien et condamnent la folie, ou des méditations sur les énigmes de la vie telles que nous les trouvons dans le livre de Job. Ce genre littéraire apparaît aussi dans Ecclésiaste, le sermon sur la montagne, certaines parties de l'épître de Jacques et différentes parties des épîtres de Paul.

Le livre de Job est un examen approfondi sur le problème de la justice de Dieu et creuse la question de savoir pourquoi un croyant peut être affligé. En effet, la vertu de Job n'était pas tant qu'il était bon, mais qu'il était fidèle. C'est ce croyant qui est durement mis à l'épreuve ; la source immédiate de son épreuve c'est le défi que Satan adresse à Dieu.

Le drame de ce récit se déroule à plusieurs niveaux. Premièrement, un problème éthique important se présente et à la fin se résout. Lorsqu'on est affligé, cela signifie-t-il que nous avons péché ou que nous le méritons ? Une idée plus fondamentale sur la nature de Dieu se trouve derrière cette croyance : Dieu n'est-il pas simplement celui qui récompense la justice et qui punit la faute ? Les amis de Job tentent de convaincre ce dernier de cela en faisant un lien simpliste entre la souffrance et la culpabilité personnelle. À la fin cependant, l'histoire donne raison à Job et montre aux amis qu'ils avaient amoindri la portée du péché, de la punition et de la manière dont Dieu applique la loi.

Deuxièmement, Job grandit durant ce processus. Au début, c'est un homme droit doté de la foi d'un enfant ; lorsqu'arrivent les terribles épreuves, il passe à une autre étape de sa vie, une sorte d'adolescence où le doute et l'angoisse assaillent sa sécurité antérieure. Bien qu'il ne renie jamais Dieu, il le questionne, parfois de manière appropriée, parfois non. Au cours de ses dialogues avec ses amis, il lui arrive de faire preuve d'une extraordinaire sagesse : « Mais je sais que mon rédempteur est vivant, et qu'il se lèvera le dernier sur la terre » (Job 19.25). Mais il lui arrive aussi d'être sur le point d'attribuer de mauvaises motivations à Dieu lui-même : « Tu deviens cruel contre moi... Celui qui est dans le malheur n'implore-t-il pas du secours ? » (30.21,24.) Il frise la même arrogance qu'il dénonce chez ses amis : « Voilà ma défense toute signée : que le Tout-Puissant me réponde ! » (31.35.)

À la fin toutefois, Job passe de l'adolescence spirituelle à la sagesse mature, après que Dieu lui a parlé, de la plus sévère des façons, lui rappelant sa finitude et sa folie (chap. 38 – 41). Job est rendu complètement humble : « C'est pourquoi je me condamne et je me repens sur la poussière et sur la cendre » (42.6). Il est aussi récompensé pour sa grande fidélité malgré les erreurs de son adolescence.

La troisième question dans cette pièce apologétique, c'est la justification du plan de Dieu. Le Seigneur n'est pas le simple superviseur divin d'une loi abstraite qui perd son sens en vue des supplications de Job. Au contraire, il est celui qui renverse Satan[7] et la malédiction de la loi. Son plan implique le salut par l'alliance. Le peuple de Dieu de l'Ancien Testament forme le maillon nécessaire entre la promesse de Genèse 3.15 et Jésus-Christ : Job avait un rôle à jouer dans l'histoire de la rédemption en tant qu'image du Christ.

Comme nous le savons par le Nouveau Testament, le plan de Dieu arrive au salut par la grâce basée sur l'œuvre du Christ au moyen de la foi. La foi véritable démontre son authenticité par la façon dont nous vivons et parlons. Si Job avait failli – si sa vie ou ses paroles avaient démontré que sa foi n'était pas authentique –, il aurait été clair que le plan n'était pas valide. Dieu serait passé pour un menteur et le mal aurait gagné.

Voici la question ultime : Dieu sait-il si le plan de salut peut réussir ? L'obéissance de Christ est-elle agissante ? La foi suffit-elle ?

Dans son argumentation extraordinaire, la littérature de sagesse répond par une affirmation écrasante.

Il faut par ailleurs noter que le Nouveau Testament n'est pas en reste en matière de sagesse. Jésus parle souvent selon la tradition de sagesse, énonçant ses discours en paraboles ou en proverbes. Certaines parties des lettres des apôtres sortent du même moule. Et le livre de Jacques est aussi une épître de sagesse, qui rappelle brillamment aux croyants la nécessité de cultiver l'humilité et la patience face aux injustices flagrantes de la vie. Tout comme l'Ecclésiaste, Jacques affirme que les apparences sont trompeuses – le riche semble l'emporter sur le pauvre, l'intelligent sur le simple. Mais en fin de compte ce qui importe, c'est d'accomplir la loi royale, selon l'Écriture (Ja 2.8). Ainsi, par la sagesse, l'art de la persuasion menant à la foi est merveilleusement exposé dans le Nouveau Testament.

La confirmation dans le Nouveau Testament

Il existe une maxime bien connue sur le lien entre l'Ancien et le Nouveau Testament : « Le Nouveau est dissimulé dans l'Ancien et l'Ancien est révélé dans le Nouveau ». Ce que l'Ancien Testament recèle sous forme de semence arrive à maturité dans le Nouveau Testament et l'apologétique ne fait pas exception. Même une lecture rapide des Évangiles nous permet de réaliser que ces derniers plaident fondamentalement en faveur de la foi chrétienne. Matthieu commence par une généalogie de Christ pour prouver à ses lecteurs juifs que Jésus est vraiment l'enfant promis des pères d'Israël, y compris David et Abraham. Luc, le scientifique, amorce son récit en affirmant que ce qu'il a écrit est le résultat de solides recherches historiques. Jean, dont l'Évangile est passablement différent des trois premiers, dit à ses lecteurs que son but est de consigner les conversations et les dialogues afin qu'ils croient et ainsi aient la vie en Jésus-Christ (Jn 20.31).

Le mandat biblique dans sa globalité

À la lecture des Évangiles, il devient évident que l'apologétique occupe une place centrale dans la mission du Christ. D'une certaine manière, la majeure partie du ministère de Jésus est formulée en termes apologétiques. En fait, la logique d'opposition envers Jésus, culminant dans sa condamnation à la croix, devient une sorte de logique pour les chrétiens qui affrontent les mêmes types d'opposition.

Il y a dans Luc un épisode remarquable, mais souvent oublié, où l'on voit un Jésus apologète. La prophétie de Siméon concernant le Sauveur nouveau-né annonce l'importance d'un aspect majeur de la vie de Jésus en lien direct avec ce qui sera la controverse à son égard. Siméon, regardant le nouveau-né, dit : « cet enfant est destiné à amener la chute et le relèvement de beaucoup en Israël, et à devenir un signe qui provoquera la contradiction [...] afin que les pensées de beaucoup de cœurs soient dévoilées » (Lu 2.34,35).

Nous voyons ici le cœur de l'apologétique. Naturellement, l'œuvre de Jésus est unique, et nous ne sommes pas appelés à être des pseudomessies. Mais en même temps, nous participons à l'œuvre du royaume du Christ, cherchant à être à son image en toutes circonstances. Et comme notre Seigneur nous le dit, lorsque quelqu'un parle contre les croyants, il parle fondamentalement contre lui (Jn 15.18-27). L'apologétique, c'est notre réponse au nom du Christ, pour l'amour du Christ.

Dans le Nouveau Testament, en dehors des Évangiles, nous voyons que ce modèle qui consiste à répondre pour le Christ et à cause du Christ correspond vraiment au modèle apostolique. Prenez par exemple Paul, qui a souvent été traîné devant les autorités. L'opposition à l'Évangile, ce n'est pas simplement une mauvaise compréhension ni le fait que les non-croyants formulent leur réticence d'une manière probante. Il est évident que Dieu permet ce processus qui fait émerger erreur et hostilité face à la proclamation de la vérité. Par exemple, lorsque Paul écrit aux Corinthiens pour leur présenter ses intentions, il dit : « Je resterai néanmoins à Éphèse jusqu'à la Pentecôte, car une porte grande et d'un accès efficace m'est ouverte, et les adversaires sont nombreux[8]. »

Le Nouveau Testament émet ici un appel clair, enraciné dans l'Ancien Testament, à offrir une apologétique solide ainsi qu'une réponse chrétienne. Nous devons aussi comprendre que lorsque nous défendons fidèlement la vérité du message, nous ne sommes pas seuls et nous ne le faisons pas en vertu de nos brillantes habiletés rhétoriques. Paul dit aux Thessaloniciens que l'Évangile leur est parvenu « avec l'Esprit-Saint, et avec une *pleine persuasion*[9] ». Notez que dans l'esprit de Paul il n'y a pas d'incompatibilité entre l'Esprit et la persuasion[10]. En effet, le Saint-Esprit doit accomplir une œuvre invisible dans le cœur. L'Esprit utilise nos mots et nos arguments, mais ces derniers sont vides si le premier ne travaille pas avec eux et par eux.

La tâche de l'apologétique se situe au sein du plan plus large de la rédemption de Dieu et s'adresse à tous les disciples. Il ne s'agit pas d'un luxe réservé à quelques universitaires ou spécialistes. Il s'agit d'un moyen central pour ramener l'humanité vers Dieu. L'apôtre Paul fait ressortir encore cela dans un merveilleux passage sur la réconciliation (2 Co 5.11 – 6.2) dans lequel il dit aux lecteurs que Dieu s'attache à réconcilier le monde avec lui-même, en pardonnant les péchés et en donnant la vie nouvelle en Christ (5.19). Paul est un ambassadeur du Christ particulièrement persuasif, car il est conduit par le même amour qui a conduit le Christ à guérir les nations (5.14). Par cet incontestable amour, il porte le message de réconciliation à ceux qui ont besoin de l'entendre. Autrement dit, l'allégeance de Paul envers Dieu et son amour lui permet de pratiquer une apologétique chrétienne. Il dit ainsi : « Connaissant donc la crainte du Seigneur, nous cherchons à convaincre les hommes »

(5.11[11]). Notez qu'il s'agit de la même discussion sur les deux sortes de craintes soulignées dans 1 Pierre 3.15 : la révérence envers le Christ et la crainte de toute confrontation hostile.

La tâche de l'apologétique ne se limite pas à une défense contre les attaques. Elle revêt aussi un aspect « offensif ». Dans cette guerre, les armes ne sont pas de ce monde, mais spirituelles. Plus loin dans 2 Corinthiens, Paul dit : « Nous renversons les raisonnements et toute hauteur qui s'élève contre la connaissance de Dieu, et nous amenons toute pensée captive à l'obéissance de Christ » (10.5). Beaucoup de chrétiens se sentent mal à l'aise d'utiliser des mots forts et trouvent cela indécent. Pourtant, exprimer la vérité avec force ne signifie pas forcément être désobligeant. En fait, cette attitude peut même être la plus aimable envers une personne qui ne connaît pas la vérité.

Ainsi dans la Bible, dans l'Ancien comme dans le Nouveau Testament, l'apologétique fait partie intégrante du dessein général du plan divin. Comprendre le lien entre l'amour de Dieu et l'œuvre de persuasion donnera tout son sens à l'apologétique. C'est en comprenant que le plan du salut de Dieu utilise des êtres humains limités et fragiles comme hérauts que l'on est poussé à défendre la foi par des arguments malgré nos faiblesses. Pourquoi découvrir et défendre les raisons du cœur ? À cause de l'amour de Dieu. Du point de vue biblique, c'est donc cela l'apologétique : « Connaissant donc la crainte du Seigneur, nous cherchons à convaincre les hommes » (2 Co 5.11).

5

Une riche palette

> Dans le débat, ce n'est que lorsque les hommes n'ont rien à cacher, ni à eux-mêmes, ni à leurs semblables, que la voie est ouverte pour un dialogue qui cherche à convaincre plutôt qu'à repousser.
>
> Herman Dooyeweerd, *Les racines de la culture occidentale*, 1975[1]

Vous savez que c'est vrai

Maintenant que nous avons posé les fondements bibliques sur lesquels repose l'apologétique, parlons de la méthode. Pour commencer, soulignons que de nombreux arguments valables et différents moyens efficaces existent en vue de la persuasion. En fait, la plupart d'entre nous reculeraient ou seraient vexés par une démonstration stricte menant d'un point A aux points B et C pour arriver à une preuve finale au point D. Au lieu d'articuler une telle méthode, esquissons une approche qui repose sur quatre réalités. Puisque ces vérités ne sont pas des étapes différentes d'une chaîne, mais des vérités provenant d'une riche palette, nous pouvons les utiliser de façons différentes.

La première vérité est une préoccupation ancienne en apologétique, celle d'arrimer message et auditoire, ou établir un « point de contact ». Pendant des siècles, les théologiens ont débattu pour savoir où se trouvait ce point de contact. Est-ce parce que les hommes sont raisonnables et qu'ainsi il est possible de communiquer en faisant bon usage de la raison ? Suivant la formule de Pascal, « le cœur a ses raisons », nous réalisons que la raison, en elle-même et sans secours, ne suffit pas. L'être humain est plus qu'une machine rationnelle. Par ailleurs, notre rationalité est teintée par nos motivations, nos péchés et nos intérêts personnels.

Une histoire célèbre racontée par un philosophe du XIXe siècle montre pourquoi la raison seule ne peut fonctionner comme point de contact. Un homme va voir son médecin et lui déclare qu'il est mort. Le médecin tente de comprendre et dit : « Bien sûr, nous allons tous mourir. » Le patient répond : « Non ! Je suis réellement mort, là maintenant ! » Après un moment d'échange, le médecin décide de conduire une expérience et demande à son patient s'il est d'accord que les morts ne saignent pas. Le patient acquiesce. Le médecin le pique alors avec une aiguille pour voir si du sang sortirait. Le sang coule. « J'avais tort », s'exclame le patient, « les morts saignent ».

Si le point de contact ne se trouve pas dans la raison seule, où est-il ? En résumé, la Bible le voit dans la connaissance que tout le monde possède déjà de la réalité de Dieu. Selon Romains 1.19-21, tout être humain connaît Dieu puisqu'il est entouré par la révélation de ce dernier. Qu'il l'accepte complètement ou non ou qu'il reçoive l'information correctement ou non, chacun est conscient de l'existence de Dieu simplement par le fait d'être humain.

Le grand réformateur Jean Calvin affirmait que chaque personne porte en elle une « semence de la religion ». Pour lui, « Il est certain que les hommes ont en eux, par un instinct naturel, un sens de la divinité » qui y est placé par Dieu qui « en maintient la mémoire à la manière d'un goutte-à-goutte[2] ». Ce sens de la divinité dont parle Calvin s'étend à la rationalité et à la morale. Les êtres humains ne sont pas simplement, comme on l'entend souvent, « religieux, étrangement imprégnés d'une capacité à la spiritualité ». En réalité, nous sommes conscients de l'existence de Dieu. Non seulement la connaissance, mais encore le sens moral est possible parce que nous connaissons déjà Dieu.

Il est évident que ce point est controversé. La Bible l'affirme carrément sans aucune explication et cependant la connaissance de Dieu ne se voit pas facilement chez les non-croyants, en raison d'un facteur qui complique les choses. Bien qu'il soit vrai que les êtres humains *disposent de* la révélation de Dieu, il ne s'ensuit pas qu'ils la *comprennent* correctement. Encore une fois, selon Romains 1, bien que nous connaissions Dieu, nous refusons de le reconnaître et de lui manifester notre gratitude. Ce que dit littéralement Paul, c'est que nous supprimons la vérité, nous la « retenons » dans l'impiété. Le mot grec signifie quelque chose comme « mettre en prison ». C'est-à-dire qu'en refusant d'être reconnaissants envers le Créateur, nous mettons la vérité derrière les barreaux.

Ainsi Paul dit que, de diverses manières et par diverses expressions, tous les êtres humains veulent se cacher du Dieu qu'ils connaissent vraiment. Nous vivons dans une sorte de contradiction, un paradoxe : d'un côté, tout le monde connaît un élan religieux, qu'il soit ouvertement religieux ou non ; mais d'un autre côté, cet élan a déraillé quelque part.

Ce paradoxe revêt de multiples formes. D'aucuns sont vraiment convaincus de la présence de Dieu, mais rejettent ses exigences. D'autres observent des critères éthiques élevés, mais ne voient pas pourquoi on a besoin de Dieu pour les justifier. Mais en fin de compte, la profonde connaissance de Dieu que tout le monde possède est intimement liée à la moralité, aux relations personnelles, à la culpabilité, à l'esthétique, et ainsi de suite ; bref, à tout ce qui est en jeu dans notre expérience. Le conflit entre ce que nous connaissons au plus profond de nous-mêmes et ce que nous construisons comme substitut ou pour fuir Dieu se révélera naturellement de différentes façons. Dès lors, certains peuvent se sentir terriblement coupables de rejeter la foi de leur enfance, d'autres peuvent se sentir frustrés dans leur quête infructueuse d'accomplissement artistique et d'autres encore peuvent être obsédés par la réussite en affaires, mais se rendre compte peu à peu qu'ils sont bien malheureux. Ce sont autant de cas qui représentent un conflit religieux parce qu'ils sont liés à la présence et aux exigences de Dieu.

Dans un certain sens, la religion est uniforme, puisqu'elle a pour origine l'idée d'une dépendance envers quelqu'un ou quelque chose qui possède une valeur ultime. Une grande partie de la religion s'est cependant égarée. Au lieu de placer leur confiance dans le vrai Dieu, certains se tournent vers d'autres objets de dévotion. Bien que ce phénomène soit répandu dans le monde entier sous des formes extrêmement variées, il obéit à une dynamique universelle, soit le paradoxe qui consiste à connaître la vérité, mais à l'emprisonner. En d'autres termes, c'est la « foi » qui est l'essence de la religion, non les rituels, la formulation de symboles ou un code d'éthique.

Certains soutiennent que la civilisation occidentale a en fait complètement abandonné la religion et qu'elle est sécularisée. Mais selon l'argument de Paul, bien que la religion formelle ou institutionnelle puisse être menacée en Occident, une absence totale de religion est impossible. Malgré les apparences actuelles de laïcité, nous sommes témoin de la forte présence d'une poussée religieuse qui s'est égarée et cela d'au moins deux façons. Premièrement, comme le sociologue français Jacques Ellul et d'autres l'ont fait remarquer, à la place de la foi ancienne du christianisme nous avons aujourd'hui la foi en la modernité[3]. Notre assurance religieuse est passée d'une confiance en Dieu à de nouveaux dieux substituts, comme la science et la technologie, la formation des États-nations, les plaisirs hédonistes, et ainsi de suite[4].

Deuxièmement, peut-être en réaction face à la vacuité d'un monde moderne sans la grâce, de nombreux nouveaux mouvements religieux sont apparus. Certains sont intimement liés au christianisme majoritaire, mais mettent un accent particulier sur l'expérience et le ministère. D'autres se situent entre les groupes influencés par l'Orient au gnosticisme du Nouvel Âge en passant par les amis psychiques[5] et autres groupes.

Il est par conséquent impossible d'éviter la religion. C'est ainsi que lorsque nous défendons la foi chrétienne auprès des non-croyants, nous ne parlons pas à des personnes pour qui l'existence de Dieu est étrange ou exotique. Lorsque nous approchons les gens avec les paroles de vérité, nous faisons appel à ce qu'ils connaissent, mais nient en même temps. Nous leur demandons d'être comme le fils prodigue dans la parabole, et de retrouver le bon sens. L'épître aux Romains expose clairement cela : « ce qu'on peut connaître de Dieu est manifeste pour eux, Dieu le leur ayant fait connaître » (1.19). La raison pour laquelle nous pouvons tenir les gens responsables devant Dieu, c'est que tout en le niant, ils savent qu'il est là : « Car ayant connu Dieu, ils ne l'ont pas glorifié comme Dieu, et ne lui ont point rendu grâces » (1.21[6]). Ce point porte une implication importante pour l'apologétique : nous avons un point de contact assuré avec tous les êtres humains.

La croyance derrière la croyance

Partant de cette évaluation biblique de la condition humaine, il s'ensuit que certaines stratégies apologétiques sont meilleures que d'autres. Mais quelle méthode de persuasion repose à la fois sur la connaissance de Dieu que les gens possèdent déjà et sur la réalisation qu'ils s'éloignent de lui ?

La meilleure apologétique ne consiste pas en une série de méthodes arides. Il s'agit plutôt d'un sage discernement offrant la flexibilité nécessaire face à la vie spirituelle multidimensionnelle d'une personne. Partant du point de contact, la deuxième réalité apologétique est ce que nous appellerons la divulgation. Essentiellement, cela signifie aller sur le terrain d'une personne non croyante afin de découvrir les dynamiques internes de sa vision du monde. L'objectif est d'aider la personne à voir en quoi sa position ne peut pas lui fournir les réponses capitales à la situation difficile de l'humanité. Les stratégies qui cherchent à démasquer les dynamiques internes du système de croyances de quelqu'un peuvent aller d'une confrontation directe à une douce prière, en fonction du genre de résistance à l'Évangile qu'oppose l'interlocuteur.

Il y a de cela plusieurs années, un visiteur qui a marqué les esprits est venu à l'Abri afin de défier la foi biblique. Hélène était une sceptique éloquente et passionnée dont le problème principal avec la foi chrétienne était que cette dernière est fondée sur l'idée du sacrifice du Christ. Elle n'était pas d'accord avec l'idée des durs traitements infligés aux animaux dans l'Ancien Testament (selon son interprétation). Adversaire militante de la vivisection, le cheval de bataille d'Hélène était la protection de la vie des animaux.

La longue conversation entre elle et Francis Schaeffer s'est peu à peu transformée en joute. Tout en reconnaissant la cruauté inutile envers les animaux, notamment dans les laboratoires, M. Schaeffer a affirmé que les animaux pouvaient être utilisés de manière légitime afin de répondre à différents besoins de l'homme. Hélène n'était pas d'accord et a répliqué que le Dieu de l'Ancien

Testament était sans cœur et brutal puisqu'il autorisait le sacrifice de chèvres et d'agneaux.

Alors que la discussion tournait en rond depuis un moment, Schaeffer a soudainement regardé les pieds d'Hélène. Pointant ses chaussures, il lui a demandé pourquoi elle portait du cuir ! Ce n'était pas une question piège, mais il voulait montrer à cette dame sceptique qu'en dépit de son engagement à la cause elle n'était pas cohérente. À cet instant, l'agressivité d'Hélène s'est radicalement réduite et Schaeffer a été en mesure de parler plus librement des raisons qui expliquaient le sacrifice animal. En parlant du péché symbolisé par le sacrifice du Christ, il a montré pourquoi la brutalité de la croix était le seul remède à la condition humaine.

La divulgation peut aussi arriver de manière fortuite. Il y a de nombreuses années, alors que j'étais enseignant dans un collège laïque, et parmi les rares chrétiens du personnel, j'ai souvent eu des discussions sur les affirmations de l'Évangile avec mes collègues. Bruce était un professeur de chimie passablement sceptique. Nous nous rencontrions souvent dans la salle des profs remplie de fumée de cigarette et discutions énergiquement de tout, de l'éthique à la nature de l'univers. Bruce était convaincu que seul le hasard expliquait la complexité du monde matériel et que la religion était non seulement inutile, mais aussi dommageable. J'ai tenté d'être aussi convaincant que possible, car Bruce était une personne intéressante et vraiment honnête.

Un jour, Bruce est entré dans la salle des professeurs avec une expression curieuse sur le visage, s'est dirigé tout droit vers moi et m'a dit qu'on devait parler. J'ai mis de côté ce que j'étais en train de faire et je l'ai écouté attentivement me décrire une expérience de chimie qu'il venait de faire. Je ne le comprenais alors pas complètement, mais je me rappelle clairement son aveu. « Bill, me dit-il, je ne suis pas prêt à admettre que tu avais raison, mais je dois avouer que ce que j'ai vu aujourd'hui dans mon laboratoire était extraordinaire et beau. Comment une telle chose peut-elle arriver par pur hasard ? Après tout, il y a peut-être quelqu'un derrière tout ça... » À partir de ce moment, nos conversations ont pris une tournure bien différente.

Si la foi chrétienne est vraie, la position d'un non-croyant n'est pas tenable, même s'il semble vivre en accord avec cette dernière. Il y a quelque part une faille parce que nous vivons en réalité dans le monde de Dieu. Ce peut être une faille logique, émotionnelle ou simplement l'ironie d'une vaine fierté. La tâche de l'apologétique est de mettre en lumière la tension entre l'incroyance et la connaissance de Dieu que tout le monde possède.

Pour certains sceptiques, le dévoilement se réalise souvent lorsque nous pouvons démontrer que personne n'est sans religion. Les chrétiens sont souvent taxés d'être « religieux », comme s'ils plaçaient une foi irrationnelle en quelque chose que l'on ne peut prouver. Le présupposé qui se trouve derrière cette affirmation est que les sceptiques seraient à l'abri d'une telle foi irrationnelle. Sur ce point, l'apologète se doit de montrer que le scepticisme repose sur une foi qui est en fait bien moins solide que le théisme. Dès qu'un non-croyant reconnaît le rôle universel de la foi, il est beaucoup plus facile de passer à des discussions sur la validité de l'Évangile.

Le retour au pays

Ceci nous amène à la troisième réalité méthodologique, ce que nous appellerons « le retour au pays », et qui va de pair avec la divulgation. Notre apologétique échouera si nous nous contentons de dévoiler l'incroyance, même s'il est vrai qu'il est plus facile de diagnostiquer que de guérir. En nous contentant de découvrir l'incroyance, nous adoptons une attitude non seulement non biblique, mais cruelle, en ce que nous laissons la personne dans une situation désespérée. Dans 1 Pierre 3.15, nous voyons que la responsabilité première du croyant est de présenter les raisons de son espérance à quiconque pose des questions. Même s'il s'agit d'une attaque hostile, la réponse se doit d'être non seulement positive, soulignant l'assurance de la foi, mais aussi pleine de grâce, exprimée avec douceur et humilité.

Il n'est jamais facile de présenter l'Évangile de manière convaincante dans une société désabusée face à la foi chrétienne traditionnelle. Le premier pas est toutefois évident, il faut rester centré sur Dieu lui-même. Dans l'Ancien Testament, le prophète Jérémie, le « prophète qui se lamente », en prononçant les paroles de l'Éternel, le formule de cette façon : « Que le sage ne se glorifie pas de sa sagesse, que le fort ne se glorifie pas de sa force, que le riche ne se glorifie pas de sa richesse. Mais que celui qui veut se glorifier se glorifie d'avoir de l'intelligence et de me connaître » (Jé 9.23,24).

Nous pouvons être impliqués dans bien des causes religieuses, mais si Dieu nous est étranger, cela ne vaut rien. En fait, nous pourrions même dire que si Dieu nous accorde tant de valeur c'est qu'il désire nous connaître à tout prix. Notre amour pour lui est la réponse à son amour pour nous et par conséquent nous lui donnons le meilleur de nous-mêmes parce qu'il nous donne le meilleur de lui-même.

Oublier le fait que tout dépend de l'amour de Dieu revient à « déreligioniser la religion dans son essence », comme l'a dit le théologien Geerhardus Vos. Pour proclamer cette vérité centrale de manière convaincante, il faut tout d'abord en être convaincu nous-mêmes. Ensuite, il faut bien entendu raconter l'histoire chrétienne avec intégrité et persuasion.

Le récit de l'Évangile commence et se termine avec Dieu. Tout son sens se trouve en lui. D'une certaine manière, Dieu n'a pas de sens parce qu'il *est* le sens. Dieu, le Créateur de l'univers, a formé les êtres humains à son image, des êtres qui peuvent le connaître, parler avec lui et l'aimer. Ces privilèges s'accompagnent de devoirs, le premier étant de respecter ce que Dieu veut pour nous. Ne l'ayant pas respecté, et le défiant, s'ensuit la corruption du monde.

Il est parfois difficile d'expliquer pourquoi les logiques de ce monde et de la vie humaine sont si intimement liées à notre relation avec Dieu, parce que nous voyons l'origine de nos détresses dans des causes naturelles ou qui se situent hors de notre responsabilité. Cependant, l'un des présupposés fondamentaux de la vision chrétienne du monde, c'est que Dieu nous a adressé une vocation, nous rendant responsables de nos vies et de la terre. Derrière ce mandat se trouve le grand appel à le connaître et à s'en remettre à lui. Lorsque cette confiance est brisée, c'est la structure morale même de l'univers qui est en danger. Nos relations – que ce soit avec Dieu, avec les autres, avec la terre ou même avec notre propre âme – sont brisées et dysfonctionnelles et deviennent un fardeau.

Le point crucial de l'histoire, c'est que cette condition terrible a été guérie par la restitution de Dieu. Dans son grand amour pour nous, le Père a envoyé Jésus-Christ pour qu'il devienne l'un de nous et qu'il assume en sa personne les conséquences de notre condition. Par le Saint-Esprit, Jésus fait bénéficier de ce qu'il a accompli tous ceux qui se tournent vers lui avec une foi humble. À la fin de l'Histoire, le monde sera complètement renouvelé et la paix ainsi que la justice de Dieu régneront sans jamais être altérées.

La foi, ce n'est pas uniquement connaître l'histoire, mais l'embrasser par une confiance totale dans le Dieu qui nous apporte gratuitement la Bonne Nouvelle. Croire en l'Évangile, ça ne veut pas dire que nous avons toutes les réponses, mais que nous plaçons notre confiance en un Dieu qui s'est fait connaître lui-même dans le monde, dans notre être et d'une manière spéciale dans la Bible. Les Écritures constituent le dévoilement unique et incontestable de

Une riche palette

Dieu par lui-même et contiennent l'essentiel de ce que nous devons savoir et faire.

Croire en ce message, c'est effectuer un retour. Encore, comme le fils prodigue dans la parabole de Jésus, nous errons, perdus en pays étranger, jusqu'à ce que nous rentrions chez le Père. Ou comme le frère aîné, nous pouvons vivre dans la maison du Père, mais puisque nous ne sommes pas reconnaissants pour sa présence affectueuse, nous sommes tout aussi errants que le fils prodigue. La grande majorité du monde contemporain est étranger à Dieu. L'Évangile l'appelle à effectuer un retour.

Vérité et plausibilité

La quatrième et dernière approche qui doit accompagner les trois premières, c'est la question de la plausibilité. Ce terme peut sembler étrange. Le dictionnaire Larousse définit le mot plausible comme « qui peut être considéré comme vrai », non « qui est vrai ». Dans une cour d'audience, on peut entendre le procureur dire au jury que même si le plaidoyer d'innocence de la défense semble plausible, il est trompeur. Mais nous utiliserons le terme d'une autre manière, plus courante. Par plausible, nous entendons que quelque chose est confirmé, rendu évident ou concret.

Notre Seigneur, disant à ses disciples qu'il est vraiment Dieu, affirme : « Croyez-moi, je suis dans le Père, et le Père est en moi ; sinon croyez du moins à cause de ses œuvres » (Jn 14.11). Ces paroles devraient suffire, mais si elles ne persuadent pas, elles peuvent être confirmées par ses actes. Ceci, c'est la vérité rendue visible.

De la même manière, dans sa grande prière consignée dans Jean 17, Jésus indique que l'unité visible de l'Église constitue la confirmation évidente de l'amour de Dieu pour son peuple (Jn 17.23). Ses disciples font preuve d'amour parce qu'il les a aimés le premier, il leur déclare : « À ceci tous connaîtront que vous êtes mes disciples, si vous avez de l'amour les uns pour les autres » (Jn 13.35). En d'autres termes, bien que la vérité est valable en soi, elle peut être confirmée par une preuve évidente.

Peter Berger a développé la notion de « structures de plausibilité ». Cela signifie que la connaissance n'existe pas dans l'abstraction, mais qu'elle s'enracine dans un contexte social particulier. Certaines structures ou institutions sociales font que certaines idées sont plus faciles (ou plus difficiles) à croire. Par exemple, le marxisme est plus facilement accepté dans une ville industrielle que dans un quartier riche. Ou encore, les patins à glace se vendent mieux au Canada qu'au Mexique. Pareillement, la foi chrétienne est plus plausible là où l'Église est forte que là où elle est faible. Pour Peter Berger, les diverses institutions « légitiment » la croyance parce que non seulement elles la reflètent, mais elles la renforcent.

Cette dimension de la plausibilité n'est ni bonne ni mauvaise. Elle est tout à fait normale. Toutefois, une grande partie de l'œuvre apologétique a tendance à négliger des aspects importants, comme l'élément visible, l'élément social ou la psychologie. Au prix de l'inefficacité, sans parler de l'ignorance du modèle biblique, une telle approche étroite présente plus ou moins une formulation purement intellectuelle de l'Évangile.

Dieu lui-même doit être au cœur de l'apologétique. Nous avons déjà mentionné l'importance du rôle de l'Esprit Saint, mais on ne soulignera jamais assez le fait que celui qui, en fin de compte, persuade, ce n'est pas notre argument, tout bien ficelé qu'il soit, mais l'Esprit Saint de Dieu. Il est vrai que l'Évangile lui-même est puissamment persuasif[7], mais la puissance vient aussi de l'œuvre de l'Esprit Saint de Dieu[8]. Le discours chrétien est une activité humaine revêtue de l'autorité divine.

Les Écritures reconnaissent pleinement le fait que les êtres humains ont besoin de quelque chose de crédible ou de plausible afin d'en arriver à une assurance subjective. Pour Paul, il est important que ses lecteurs aient une certitude[9]. Soulignons que l'assurance n'arrive pas une fois pour toutes, elle peut faire l'objet de prière, se développer, être nourrie et même perdue, du moins temporairement. L'assurance va et vient, elle est plus forte chez certains que chez d'autres. Le degré d'assurance que l'on a peut varier pour différentes raisons.

Pour ceux qui prônent une pensée style juridique, c'est la prépondérance des preuves qui constitue le facteur décisif menant à une conviction, comme chez Frank Morrison. Avocat et sceptique, ce dernier a décidé qu'avant de rejeter complètement la foi chrétienne, il se pencherait une dernière fois sur le miracle central à cette dernière, la résurrection du Christ. Il a examiné les preuves, se disant que s'il pouvait démontrer que cet élément central était fragile, tout l'édifice s'écoulerait. Mais en étudiant les différentes pièces à conviction – les récits de témoins oculaires, les écrits historiques, et autres éléments –, il s'est retrouvé face au cas le plus solide auquel il avait été confronté. Sa probité d'avocat le conduisit à la seule conclusion honnête possible, à savoir que la résurrection de Christ a réellement eu lieu[10].

Pour ceux qui ont le sens de l'esthétique, la cohérence et la beauté du message chrétien peuvent être des éléments convaincants. C. S. Lewis, par exemple, a été attiré vers la foi en étant exposé aux grands conteurs. Ou pour ceux qui s'intéressent plus à la psychologie, l'Évangile peut être persuasif par les vérités qu'il apporte sur la personnalité humaine.

Il est aussi important de noter que la conviction peut être détruite par diverses épreuves ou menaces que nous subissons. La maladie, par exemple, peut être la première cause qui nous fait douter de l'existence d'un Dieu bon. Un autre exemple peut être l'existence de grands et de terribles conflits à travers le monde. L'apologétique perdra de son efficacité si elle s'arrête à des arguments valides par la logique, mais qui ne font pas appel aux peurs cachées, aux frustrations ou aux besoins personnels de celui à qui elle s'adresse.

Le doute peut aussi prendre des formes plus subtiles. Par exemple, de nombreuses personnes craignent que l'objet de leur croyance puisse ne pas être fiable. Cela me rappelle une série de blagues basées sur la remarque de Groucho Marx qui a dit qu'il ne voudrait pas être membre d'un club qui l'accepterait comme membre. Nombreux sont ceux qui ont une peur viscérale de s'engager dans quelque chose qui pourrait se révéler être une illusion psychologique. En effet, la peur de la crédulité constitue aujourd'hui l'un des obstacles les plus courants à la foi.

D'autres genres de peurs empêchent aussi la conviction. Pour ceux qui ont peur d'être ridiculisés, l'assurance se manifeste uniquement lorsque le jugement de Dieu se fait plus pressant que celui des autres. Pour ceux qui sont ambitieux, la foi peut être entravée par le désir de pouvoir.

La plausibilité revêt ainsi plusieurs formes. Elle peut être de nature psychologique, sociale ou culturelle. En nous engageant dans un travail de persuasion, nous devons être conscients du fait que l'être humain est plus qu'un être purement intellectuel. Il possède des dispositions complexes ainsi que des sensibilités. Plutôt qu'un embarras, les structures de plausibilité peuvent être un grand atout, comme nous le voyons dans l'exemple suivant.

James Billington, le directeur de la Bibliothèque du Congrès des États-Unis[11], relate les évènements d'août 1991 alors que l'Union soviétique vivait les dernières heures du communisme[12]. Il se trouvait sur place durant les trois jours qui ont annoncé l'effondrement de cet empire puissant et moderne qui avait tenté d'éliminer la foi chrétienne de son territoire. Billington remarque deux forces à l'œuvre qui voulaient s'assurer de l'échec du coup d'État des durs du régime, leur ultime effort. Premièrement, les paroles des prêtres et des croyants, dont de nombreuses femmes âgées, qui appelaient le peuple à ses racines chrétiennes. Des exemplaires du Nouveau Testament ont aussi été distribués par la Société biblique russe. Deuxièmement les images et les métaphores qui ont renforcé ces paroles et contredit la vision du monde dominante de l'époque. Curieusement, la couleur *blanche* a joué un rôle important. Les évènements ont commencé le jour de la fête de la transfiguration, où le Christ, représenté en habit blanc sur les icônes, fait son entrée lumineuse dans un monde de ténèbres. Dans la ville « aux pierres blanches » de Moscou, avec la Maison-Blanche en arrière-plan, un Boris Eltsine aux cheveux blancs a prononcé un discours émouvant pendant que le public regardait des soldats mornes et des chars lourds qui cherchaient à démentir la nouvelle liberté. À ce moment-là, la tradition chrétienne, sous les formes visibles et audibles des prêtres, des croyants, de l'Écriture, des couleurs et des icônes a persuadé la foule de tenir bon face aux forces des ténèbres.

La plausibilité et la vérité sont liées, mais ne sont pas exactement identiques. De nombreux arguments peuvent parfaitement démontrer la validité d'une chose alors que l'auditoire n'accorde aucune crédibilité à cette dernière. Un exemple illustre bien cela. Richard Keyes, le directeur de la communauté « L'Abri », au Massachusetts, É.-U., donnait alors un cours d'apologétique culturelle et avait demandé de faire un travail particulièrement difficile. Il avait demandé à ses étudiants d'écrire un article sur un intellectuel non chrétien et de discuter du point de vue de ce dernier en présentant une critique et une réfutation. Les étudiants avaient pour consigne d'écrire leur article de façon à ce que l'intellectuel qu'ils critiquent puisse se reconnaître dans les arguments.

En l'occurrence, on peut trouver dans les universités des étudiants qui remettent un travail de piètre qualité, qui ne sympathise pas assez avec l'intellectuel, créant et démolissant un simple homme de paille. Par exemple, c'est une chose que de montrer la faillite de la théorie de la déconstruction de Jacques Derrida à ses opposants, mais c'en est une autre de décrire Derrida de manière à ce qu'il se sente compris.

Ainsi en pratiquant l'apologétique nous devrions faire tout notre possible pour comprendre de l'intérieur la position de notre interlocuteur. Nos amis devraient sentir que nous comprenons comment ils sont arrivés à leurs conclusions, ainsi que leurs luttes. Le dévoilement des problèmes sera ensuite plausible. Et si le dévoilement est plausible, il y a des chances que le « retour au bercail » le soit aussi.

Les quatre parties d'un tout

Les quatre principes que nous venons de voir ne sont pas isolés les uns des autres, mais font partie d'un même tout et sont interdépendants. Par exemple, le point de contact n'est pas une base suffisante pour toute communication. Il ne suffit pas de dire que le non-croyant connaît déjà Dieu. Il faut aussi ajouter que la connaissance de Dieu n'est pas correctement assimilée, mais qu'elle est teintée par l'erreur et l'orgueil. C'est pour cette raison que le processus de dévoilement est nécessaire, parce qu'il doit y avoir une façon d'identifier les différents degrés de vérité ou de mensonge présents dans tout point de vue. Il faut ensuite procéder à l'étape du retour au pays, car si l'on remet en question un point de vue sans donner d'espérance, c'est de la cruauté. Et si l'on présente l'espérance seulement, sans remise en question, la discussion est au mieux irréaliste, au pire illusoire. Finalement, aucun des trois éléments précédents n'a de valeur s'il n'est pas exprimé de manière plausible et avec compassion. La meilleure apologétique ne vaudra pas grand-chose si elle n'atteint pas sa cible.

Maintenir ces quatre principes ensemble n'est pas une simple question de tactique, mais représente au contraire un enjeu spirituel. Une méthode apologétique saine et efficace commence et se termine par le culte que l'on rend à Dieu, le Dieu même que nous présentons aux non-croyants comme l'unique espérance quant à leur condition. En élevant le Christ, les meilleures réponses se présenteront. Cela signifie aussi que nous avons répondu à nos propres besoins, notre propre vacuité sans Dieu, et que nous nous sommes tournés vers lui et vivons en sa présence. Ce n'est que lorsque les raisons de notre propre cœur sont bien fondées que nous pouvons les recommander correctement aux autres.

DEUXIÈME PARTIE

DISCUSSIONS

6

Les obstacles initiaux

> L'essence de l'humour, c'est la surprise, et rien n'est aussi surprenant que la vérité.
>
> Bill Watterson, *Livre du 10ᵉ anniversaire de Calvin et Hobbes*, 1995[1]

Les obstacles et les occasions favorables

Maintenant que nous avons examiné quelques fondements et principes de base de l'apologétique, tournons-nous vers la pratique de cette dernière. Dans les débats sur les questions fondamentales, il est important de trouver les éléments du point de contact, de la divulgation, du retour au pays et de la question de la plausibilité tout au long. Mais souvenons-nous que ces éléments ne sont pas autant de techniques garantissant le succès. En effet, lorsqu'on a affaire à des êtres humains, aucun argument ni point de départ n'assure le succès. Néanmoins, les quatre réalités au cœur de l'apologétique que nous présentons dans ce livre devraient permettre au croyant de commencer à peu près n'importe où. Bien que l'Évangile ne soit qu'une seule vérité, il y a de nombreuses façons de combler le fossé qui existe entre cette vérité et les différents peuples et différentes cultures du monde. C'est ce que nous allons découvrir dans ce chapitre.

Comme nous le verrons, l'Évangile est confronté à toutes sortes d'obstacles. Souvent, en raison d'un obstacle particulier qui se trouve dans l'esprit d'une personne, le moment le plus difficile dans une conversation sur la foi se situe au tout début. Les obstacles initiaux à tout débat sur les choses spirituelles peuvent être aussi difficiles à surmonter que les obstacles qui peuvent survenir par la suite.

Dans les exemples suivants, nous étudierons divers chemins, positifs ou négatifs, menant à la foi. Nous envisagerons aussi des moyens permettant de partir sur de bonnes bases. Les arguments présentés peuvent être utilisés en tout temps, mais ils sont spécialement appropriés pour mettre au défi des personnes particulièrement réticentes à l'Évangile[2].

La merveille du merveilleux

Sashi est une musicienne américano-japonaise dont la carrière a été planifiée depuis que son talent a été découvert dans son jeune âge. En grandissant, elle n'a pas eu beaucoup le temps de réfléchir aux questions spirituelles fondamentales. Au milieu de sa carrière professionnelle, lorsqu'elle ne s'exerce pas, elle occupe son temps en prenant des rendez-vous et d'autres engagements. Sashi est une musicienne très connue et sa musique semble dégager une fraîche innocence. Déjà au début de sa vie professionnelle elle jouissait d'un talent dont peu peuvent se prévaloir dans son domaine.

Au milieu de sa carrière, Sashi a commencé à ressentir de manière récurrente quelque chose d'étrange et de si puissant qu'elle s'est mise à changer sa routine et a pris le temps d'étudier la Bible pour la première fois de sa vie. Beaucoup de musiciens vivent ce qui lui arrivait. En jouant certains morceaux, elle a commencé à ressentir une sorte de surprise esthétique. Bien que connaissant à fond son répertoire, une sorte d'extase l'envahit de temps à autre, quelque chose de merveilleux et d'inexplicable. Elle a commencé à ressentir le genre d'étonnement qu'elle sentait parfois chez son public lors d'un passage musical particulier, étonnement qu'elle attribuait jusqu'ici à sa façon brillante de jouer. Désormais, elle sentait qu'il y avait quelque chose de plus, peut-être quelque chose de mystique. Cet étrange sentiment d'étonnement l'a poussée à prendre le temps nécessaire pour comprendre le phénomène et elle a commencé un pèlerinage vers la découverte de la vérité spirituelle.

Sashi avait vécu le choc qui avait accompagné l'intrusion d'un autre monde dans le sien. Comme elle était musicienne, cette intrusion fut esthétique. Cependant, tout le monde peut être éveillé au fait de découvrir une autre réalité.

G. K. Chesterton, un apologète persuasif, décrit dans son autobiographie son cheminement vers la foi. C'est en découvrant les lieux communs du pessimisme et de l'optimisme et en étant poussé à penser à des choses plus hautes qu'il s'est confronté à une inexplicable gratitude pour le fait d'être vivant. Il en est arrivé à la conclusion que le vrai pessimisme ne peut jamais fonctionner parce que pour être négatif, on doit avoir un critère positif qui nous permet de juger le monde. Ironiquement, le pessimisme a besoin de l'optimisme pour fonctionner.

Chesterton a aussi étudié la philosophie et a découvert que le vrai problème n'était pas telle ou telle sujet d'éloge, mais l'éloge lui-même. Chercher à comprendre le « plaisir du plaisir » s'avère plus difficile que de comprendre le plaisir qu'on peut prendre à telle ou telle chose particulière. Peu après avoir réalisé cela, Chesterton a commencé à croire.

Sashi et Chesterton, chacun à leur manière, ont été confrontés à la question de la bonté. Ils ont apprécié quelque chose de la vie, ont été reconnaissants et ont voulu remercier quelqu'un. Cela les a menés à la conclusion qu'il y a quelqu'un à remercier. Tout le monde n'a peut-être pas vécu cette expérience, mais la plupart des gens ont, à un moment ou à un autre, vécu un phénomène d'émerveillement.

L'amour de Dieu dans une salle à manger

Certaines personnes s'attendent à être frappées par quelque chose de surnaturel et décident que la foi n'a aucune valeur si rien ne se passe. Dans leur cas, la percée ressemble à plusieurs endroits au sentiment d'émerveillement et de gratitude évoqué plus haut – à la façon dont ce monde, bien qu'ordinaire, est une fenêtre qui s'ouvre sur le surnaturel. Les chrétiens qui pratiquent l'apologétique essaient trop souvent d'impressionner les autres en tentant de prouver l'existence de choses bizarres, miraculeuses ou surnaturelles. Dieu est réellement Esprit et lorsque nous conduisons une personne à lui, nous devons élever son regard vers la Cité de Dieu. Mais le monde créé est réel et nous devrions donc être aussi émerveillés de trouver Dieu dans l'ordinaire que dans un domaine spirituel spécifique.

Les conteurs et les artistes comme Cézanne, le grand peintre postimpressionniste, sont souvent capables de montrer l'extraordinaire dans l'ordinaire. Même si Cézanne est vu comme le père du cubisme en raison de l'attention évidente qu'il portait aux schémas géométriques, une étude attentive de ses paysages et de ses natures mortes révèle des formes qui émergent de sa lecture de la nature elle-même. En regardant la nature, il pouvait traduire (et non copier) sur la toile des outils aussi simples que la couleur et la lueur. Au lieu de dessiner des figures abstraites, il utilisait un ensemble de couleurs, de manière chromatique, comme un compositeur qui tisse ensemble plusieurs mélodies et thèmes, certains mettant en évidence les autres. Cézanne montre comment les ombres et la lumière peuvent exprimer la forme d'un objet par leur capacité à accentuer tel ou tel détail.

Les écrivains révèlent souvent le remarquable dans le naturel, eux aussi. Charles Dickens, par exemple, montre combien les choses les plus ordinaires peuvent révéler les plus étranges. Et les grands réalistes français, Honoré de Balzac et Gustave Flaubert, peuvent mettre à l'étude de manière remarquable les personnages dans des lieux ignobles, mettant en scène les questions fondamentales de la vie sans être moralisateurs.

Flaubert réussit ainsi à reproduire l'atmosphère du foyer dans une scène de *Madame Bovary*. Dans cette scène, la malheureuse Emma Bovary est assise dans une petite pièce avec son mari, entourée d'un poêle fumant, d'une porte qui grince et de murs humides, « à la fumée du bouilli, il montait du fond de son âme comme d'autres bouffées d'affadissement. Charles était long à manger[3]. » La vie dans la ville de Tostes avec son mari banal est médiocre et sans saveur, ce qui conduit Emma au désespoir. Derrière son aversion pour Charles se cache une critique sociale imbriquée dans le récit sur la bourgeoisie. Et derrière cela, nous pouvons déceler la conscience de la transition du monde relativement sûr de la hiérarchie prérévolutionnaire au monde incertain et inconfortable de l'individu nouvellement libéré.

Flaubert, comme d'autres durant la Restauration, est mal à l'aise avec son époque, où règnent une anarchie bouillonnante et des menaces d'émeutes, une absence de fondement théologique traditionnel solide et un usage croissant de l'art comme substitut à la religion[4]. Non qu'il veuille retourner à une France d'antan ; plutôt, il veut inspirer le peuple à espérer en quelque chose de mieux. À cette fin, il utilise sa capacité à dépeindre les scènes comme si Dieu les voyait, lui le Créateur plein de compassion, et non une divinité détachée.

L'objectivité de Flaubert permet d'établir un lien intégral entre l'ordinaire et la vie dans son entièreté, que ce soit dans sa dimension tragique ou comique. Les soupirs d'Emma Bovary constituent le désir ardent d'un monde qui promet bien au-delà de ce que la culture bourgeoise peut offrir. Flaubert nous éveille à la tristesse d'un monde pécheur et à l'espoir d'un monde meilleur.

Surpris par le rire

Peu de choses peuvent ébranler la complaisance de certains sceptiques autant que l'humour. Intimement lié au sens de l'extraordinaire, l'humour recèle un élément de mystère qui fait de lui un outil puissant dans une discussion. Pourquoi une bonne blague est-elle drôle ? Pourquoi certains animaux nous font-ils rire ? Pourquoi trouve-t-on cela drôle quand quelqu'un glisse sur une peau de banane ? L'une des raisons est que dans chacune de ces situations, deux mondes s'affrontent – l'idéal et l'ordinaire. Nous passons la plus grande partie de notre vie concentrés sur l'ordinaire, là où la vie peut être tristement sombre et dénuée de sens. Mais de temps en temps une autre réalité s'introduit et il y a affrontement, auquel nous répondons par le rire.

Dans le film classique *Les temps modernes*, Charlie Chaplin se moque de l'empire de la technologie. À un certain moment, on demande à Charlot de tester une nouvelle machine à faire manger géniale – une machine qui le nourrit mécaniquement sans qu'aucun effort humain ne soit nécessaire. Évidemment, quelque chose ne fonctionne pas et les bras et les plats robotisés se désynchronisent, la nourriture vole partout et le chaos règne. Ce qui nous fait rire dans cette scène, c'est de voir que les prétentions de la technologie moderne se révèlent inadaptées aux besoins de l'humanité. Le monde idéal, où le fait de manger ne se limite pas à une fonction biologique, fait irruption dans la sphère ordinaire d'une technologie ennuyante.

Mais l'humour peut aussi être cynique et destructeur, éhonté et sans honneur. Cet humour négatif est le plus souvent un moyen de fuir la réalité. Non seulement se permet-il de juger sans discernement, mais il est mauvais.

Le doute que l'on retrouve au cœur de l'humour fonctionne dans les deux sens : il peut être signe d'arrogance ou un moyen conventionnel convenable de révéler les problèmes. De grands maîtres de la littérature ou du théâtre comme Shakespeare ou Cervantes expriment l'humour par le clown, révélant la vérité là où les deux mondes s'affrontent. Par l'humour, il est possible de proclamer les vérités fondamentales sur Dieu, le péché et la rédemption, voire de suggérer la grande surprise de l'Évangile.

James est un homme qui est arrivé à la foi en Christ par l'humour. Il est aujourd'hui prêtre épiscopalien, mais dans sa jeunesse c'était un sceptique pur et dur. Bien qu'ayant grandi dans une famille chrétienne, il a vécu plusieurs expériences négatives et a été refroidi par certains chrétiens peu attrayants. Nombre de croyants parmi les plus véhéments qu'il a rencontrés ne mettaient pas leur foi en pratique – par exemple, certains étaient de piètres parents, d'autres étaient malhonnêtes dans les affaires. James a alors découvert que de nombreux chrétiens étaient, disons-le, des hypocrites. Si l'Évangile est vrai, s'est-il demandé, pourquoi y a-t-il de si nombreux chrétiens qui sont faux ?

Pourtant, c'est une blague qui a retenu son attention. Lors d'une discussion avec un ami croyant, il a émis ses objections à la foi chrétienne. Après avoir dit à son ami qu'il ne pouvait pas se joindre à une religion comptant autant d'hypocrites, le chrétien s'est tourné vers James et lui dit qu'il y avait de la place pour au moins un autre ! Cette petite répartie a poussé James à réaliser la sagesse d'Augustin, selon laquelle l'Église n'est pas un musée pour les saints, mais un hôpital pour les pécheurs.

Électrochoc

De l'autre côté, certaines personnes peuvent être tirées de leur « somnolence dogmatique » par des expériences plus négatives qui font irruption dans leur vie ordinaire. L'irruption ultime, qui bloque toute ambition et tout projet, c'est la mort elle-même.

La mort est inéluctable, mais il existe des milliers de moyens pour éviter d'y faire face. Parmi ces derniers, il existe des formes de déni, tel que le culte de la jeunesse dans la culture occidentale. D'autres moyens sont moins directs, on pourrait même dire qu'ils sont ironiques. Trop s'inquiéter de la mort, par exemple, peut constituer une forme de déni.

Prenons l'exemple de Patrick, qui était esclave de la peur de la mort. Sa peur se manifestait de toutes sortes de façons : il avait commencé à planifier ses futures années de « déclin » à l'âge de trente-cinq ans, il avait déménagé dans une maison sans étage, il avait réservé une chambre dans une maison de retraite, il conduisait rarement et parlait souvent de sujets qui trahissaient une angoisse : le prochain krach financier, le coût élevé des assurances médicales, les amis qui étaient malades ou un accident grave. Malheureusement, ses enfants ont grandi avec le sentiment qu'ils devaient répondre à ses peurs et ont ainsi tenté de le protéger de toutes sources d'angoisse.

Aucun ami ou proche bien intentionné ne pouvait libérer Patrick de cet esclavage parce qu'il détruisait toute tentative visant à le sortir de son narcissisme. Un jour son frère lui écrivit une lettre acerbe, l'accusant d'être égoïste et de gâcher sa vie. Il répondit à ses enfants : « Il ne comprendra jamais ce que je vis. Son optimisme est superficiel, il devrait essayer de se mettre à ma place. » D'autres personnes ont tenté de lui parler avec plus de compassion, mais sans plus de résultats.

Puis l'une de ses filles a contracté un cancer lymphatique grave. Elle souffrait beaucoup et ne pouvait pas cacher à son père la réalité de sa douleur. Patrick a commencé à se faire beaucoup de souci pour elle, ce dont elle n'avait pas besoin. Alors que sa condition se détériorait, il devint clair qu'elle allait mourir.

Patrick a alors commencé à réaliser que ce dont sa fille avait besoin ne pouvait s'obtenir par les inquiétudes qu'il avait. Elle avait besoin de son aide pour comprendre ce qui lui arrivait, pour savoir qui elle était et comment vivre ses dernières semaines. En bref, elle avait besoin d'une orientation spirituelle. Il est enfin sorti de sa coquille et a commencé à poser les questions cruciales qui pouvaient apporter un certain réconfort à sa fille. Pour lui, la mort imminente d'une autre personne fut l'occasion de réaliser sa propre condition.

Beaucoup de personnes se souviennent du moment où elles ont été frappées pour la première fois par l'idée de leur propre mort. Pour certains c'est l'approche d'un danger, pour d'autres la maladie. C'est en assistant à une conférence sur l'éthique médicale que j'ai dû voir la réalité en face. Un conférencier était en train de parler de génie génétique et mentionna en passant le mystère de la mort. Il nous fit remarquer que même s'il est assez aisé de reconnaître la mort d'un être humain, c'est une tout autre affaire d'identifier ce que c'est ou pourquoi cela arrive. Cette remarque faite sans ménagement m'a mis de mauvaise humeur pour plusieurs jours. J'étais dans la mi-trentaine et je savais intellectuellement que la mort viendrait un jour frapper à ma porte, mais je n'avais jamais réfléchi sérieusement aux implications de cette réalité.

Les autres types de morts

La mort peut se présenter de nombreuses façons. La mort physique est le type le plus évident et le plus radical, mais d'autres types de « morts » produisent l'effet de la mort et remettent en question nos croyances. L'une de ces mini-menaces liées au cycle de la vie humaine est la crise de la quarantaine, celle qui arrive vers la moitié de notre vie. Il peut y avoir deux explications à cette crise : la première est que nous n'avons pas obtenu ce que nous espérions. Le grand docteur Samuel Johnson a dit : « L'homme ne vit pas de plaisir en plaisir, mais d'espoir en espoir. » Souvent, ceux qui investissent tous leurs efforts pour atteindre certains objectifs – finances, pouvoir ou relations – arrivent à la quarantaine et se rendent compte qu'ils n'ont rien gagné.

Yvette est une femme qui a construit sa vie prudemment. Le rêve américain à l'égard du succès, le pouvoir par le travail acharné et la lecture de psychologues comme Roger Gould[5], le spécialiste de Stanford sur le cycle de vie humaine, ont nourri son ambition naturelle. Selon Gould, entre 20 ans et la quarantaine, les gens ressentent le besoin de faire tout leur possible pour effacer le sentiment d'insécurité de l'enfance ; l'un des moyens pour arriver à être immunisé contre la mortalité, c'est de devenir riche ou d'occuper un poste élevé.

Quelques réussites et de nombreux rêves inassouvis plus tard, Yvette a fait le bilan. Elle était mariée, mais n'était pas heureuse de son couple ni de ses enfants. Lorsqu'elle a atteint la quarantaine, elle a réalisé qu'il ne lui restait pas dix vies à vivre. Elle a aussi découvert des qualités personnelles peu envoûtantes et a remis en question toute la notion d'immunité contre la mort. Aigrie et amère, sans raison apparente, elle s'est mise à imaginer des façons de blesser sa famille et ses meilleurs amis. Finalement, Yvette a commencé à se poser certaines grandes questions sur le but et le sens de la vie, a commencé à être reconnaissante des petits riens et a mis de côté une partie de son ambition.

La chose la plus difficile qu'Yvette a dû affronter, c'est le regret d'avoir perdu tant de temps. Elle avait négligé sa famille et tout investi dans un travail pas très épanouissant. Ce n'est qu'après avoir admis sa responsabilité et sa culpabilité pour avoir perdu du temps qu'elle a compris que le Christ est mort aussi pour ceux qui perdent leur temps.

Ironiquement, et contrairement à l'exemple précédent, la deuxième explication possible de la crise de la quarantaine est que nous avons ce que nous voulons, mais que nous nous apercevons que ça ne vaut pas tous les efforts consentis. Il y a peu de témoignages plus émouvants que celui de Lee Atwater qui, dans la quarantaine, a vécu une prise de conscience. Ami et conseiller du président George Bush et président du « Republican National Committee » dans les années 1980, il était connu pour ses manières brutales. Il justifiait ses actions par une philosophie nihiliste qui permettait une acquisition sans scrupules de richesses et de pouvoir. Mais Atwater devait être atteint par un cancer et il s'est retrouvé nez à nez avec la vérité. Il a commencé à réaliser la vacuité de son monde, il s'est converti au Christ et dans les derniers mois de sa vie a demandé aux Américains de guérir la « tumeur de l'âme » de leur nation.

D'autres expériences s'apparentant à la mort peuvent mener à une prise de conscience. C'est le cas des soucis financiers. Annette est une Afro-américaine qui vivait au centre-ville et qui fréquentait chaque semaine une petite église située au rez-de-chaussée d'un immeuble. Pendant le temps de partage, elle se levait immanquablement pour se plaindre de la bureaucratie et des soucis financiers. On lui avait coupé l'électricité... Son propriétaire ne voulait pas réparer une fuite dans le toit... Ses voisins ne voulaient pas baisser le volume de la musique le soir. Elle priait, mais ne pensait pas que le Seigneur l'entendait.

Les chrétiens de l'église d'Annette l'ont aidée, l'ont écoutée et ont prié pour elle. Pourtant, c'était toujours la même rengaine. Annette a un jour rencontré Janet, qui se trouvait dans la même galère qu'elle. Selon les apparences, la vie n'était pas rose pour elle non plus, mais Janet demeurait confiante et semblait disposer des ressources pour affronter ses afflictions. Les mois passants, Annette a commencé à réaliser qu'elle s'était laissée subtilement aller à une forme d'apitoiement, décrivant les oppressions du fournisseur d'électricité et de son propriétaire comme si elles étaient la cause de tous ses problèmes. Janet l'a gentiment encouragée à prendre du recul et à comprendre que ce qui compte le plus en fin de compte, c'est une bonne relation avec Dieu.

Toutes ces « mini-morts » peuvent nous faire sortir de notre zone de confort incertaine et nous mener à parler de questions fondamentales. Il est bien sûr plus encourageant d'entendre des histoires de conversion par des expériences positives comme la gratitude ou l'émerveillement. Cependant, la peur de la mort est parfois la seule chose qui soit efficace. Ce n'est toutefois que si, et seulement si, l'on conçoit la mort justement que le fait de voir la mort en face constitue l'électrochoc qui mène à la vie. Ainsi, tout ceci doit s'accompagner d'une prise de conscience du transcendant.

Cette prise de conscience revêt une dimension négative et positive. Du côté négatif, il y a la réalité du ciel et de l'enfer – être éternellement séparé de Dieu et de son amour. Du côté positif, la mort revêt une grande importance parce qu'elle permet l'accès à la vie après la mort. Si on ne met pas en opposition la mort à la réalité de l'espérance fondée en Dieu, affronter la mort ne fera que nous plonger dans le nihilisme. Mais, affronter la mort telle qu'elle est réellement – « le dernier ennemi » selon la définition de Paul – nous fera prendre conscience de la nécessité de voir le vrai combat pour la vie, combat que le Christ a livré et remporté contre le mal dans le domaine spirituel.

« Quel est celui-ci ? »

Considérons enfin une approche très différente. Lorsque rien ne fonctionne, que ce soit le côté positif de l'émerveillement ou le côté négatif de la mort, un appel direct à des données surprenantes est parfois la seule chose qui mène à la foi. On peut utiliser presque n'importe quel passage de l'histoire biblique, mais il vaut mieux se concentrer sur celui qui est au cœur de la foi chrétienne, Jésus-Christ. Il surprend aujourd'hui, tout comme il a surpris les disciples qui après l'avoir vu reprendre les vents et les vagues de la mer de Galilée se sont demandés, émerveillés : « Quel est celui-ci ? » (Mt 8.27.)

Plus on examine Jésus honnêtement, plus il est difficile de le définir autrement que le dépeint la Bible. Bertrand Russell, célèbre philosophe et mathématicien, mais aussi athée et libertin notoire du milieu du XXe siècle, a beaucoup écrit sur les dangers de la religion. L'une de ses cibles habituelles est Jésus-Christ – le Jésus des Évangiles, parce que Russell ne pensait pas qu'il ait réellement existé[6]. Bien qu'admirant l'idée de présenter l'autre joue et de ne pas juger, Russell voyait toutefois en Jésus un homme cruel parce qu'il enseignait que Dieu punirait les méchants et qu'il traitait ses ennemis de « vipères ». Russell prétendait que les disciples du Christ avaient retardé le progrès humain, y compris en matière de discrimination raciale, d'amélioration des lois et d'éthique sexuelle. Selon lui, le christianisme était, comme toute religion, basé sur la peur, parce qu'il s'agit d'un concept provenant des régimes despotiques orientaux.

L'une des erreurs les plus courantes de ce point de vue, cependant, c'est la confusion entre jugement et malveillance. Il est vrai que Jésus a utilisé les termes les plus forts contre ses ennemis. Mais si nous lisons attentivement le Nouveau Testament, nous voyons que ses ennemis sont toujours des oppresseurs en tous genres. Jésus mettait en garde contre les faux prophètes. Les dirigeants religieux qui égaraient leurs adeptes en déformant la volonté de Dieu provoquaient en Jésus une colère aggravée.

Bertrand Russell n'a pas compris deux points essentiels. Premièrement, les problèmes moraux et spirituels ne peuvent pas être simplement réglés par une tolérance pacifique. Dieu, en tant que juge moral, demande une confrontation, un jugement. La colère et l'apparente rudesse de Jésus sont dirigées contre l'injustice et l'oppression cruelle et ne sont certainement pas inconsidérées. Jésus était prêt à pardonner quand il apercevait le changement. Deuxièmement, Russell n'a pas bien compris le fait que Jésus parle avec une autorité unique. Ses paroles de condamnation – ainsi que ses mots d'amour – n'équivalent nullement aux mots d'un dirigeant humain plein de sagesse.

En effet, les propos de Jésus sont tellement étonnants qu'il serait plus adéquat de le traiter de fou que d'attaquer l'incohérence de sa moralité. Lorsqu'on lui amène un homme paralysé pour qu'il le guérisse, il se tourne vers lui et dit : « Mon enfant, tes péchés sont pardonnés » (Mc 2.5). Ses paroles ne sont pas des paroles de réconfort normales, mais il pardonne les péchés de l'homme. Le public comprend ses intentions et l'accuse de blasphème.

Nulle part Jésus ne prétend être un simple sage humain moraliste. S'ils n'étaient pas vrais, ses propos seraient absurdes. S'attribuant à lui-même le *Je suis* d'un Dieu qui se révèle lui-même dans l'Ancien Testament, il dit à ses disciples : « Je suis le pain de vie » (Jn 6.35). Aux autorités juives il répond : « avant qu'Abraham fût, je suis » (Jn 8.58). Lors de son procès la veille de sa mort, le souverain sacrificateur lui demande : « Es-tu le Christ, le Fils du Dieu béni ? » (Mc 14.61.) Jésus répond : « Je le suis. Et vous verrez le Fils de l'homme assis à la droite de la puissance de Dieu, et venant sur les nuées du ciel » (v. 62). Le Fils de l'homme est la divinité que Daniel 7.13 décrit comme le juge des nations.

Un langage aussi extravagant lance un défi à quiconque est prêt à reléguer Jésus au rang d'un simple enseignant doué de sagesse. Mais ces paroles sont-elles le fruit d'un esprit dérangé ? Ni les paroles ni le comportement de Jésus en général ne peuvent être qualifiés d'excentriques au sens psychologique. Mis à part ces paroles extravagantes, l'enseignement moral de Jésus est assurément sain et sage ; ses illustrations sont fondées sur des observations profondes de la vie et des habitudes humaines. Il vécut ouvertement, refusant de se cacher derrière des habitudes bizarres qui caractérisent si souvent les fous. Les gens autour de lui ont fréquemment témoigné de son caractère moral et l'un des criminels crucifiés à ses côtés s'est même exclamé : « Pour nous, c'est justice, car nous recevons ce qu'ont mérité nos crimes ; mais celui-ci n'a rien fait de mal » (Lu 23.41).

Bien sûr, ce ne sont pas seulement ses paroles, sa perfection morale et la sagesse de Jésus qui nous attirent et nous captivent. Ce sont aussi sa merveilleuse compréhension de la nature humaine ; son sens tenace de l'orientation ; la manière extraordinaire par laquelle il accomplit les prophéties et les figures typologiques de l'Ancien Testament ; sa compassion ; sa capacité à parler de tous les sujets, à identifier le fond d'un problème ; le drame de sa souffrance, de sa persécution et de sa mort ; et la réalité de sa résurrection.

D'après l'enseignement chrétien, Jésus est le Dieu fait homme qui est venu sur terre afin d'obéir à Dieu là où nous n'avons pas obéi, qui est mort pour les péchés que nous ne pouvions pas racheter et qui surmonte le mal, permettant l'avènement d'un monde nouveau où la paix et la justice règnent. Une appréciation honnête de sa personne ne peut mener à aucune autre conclusion.

7

Incroyable

> Lorsque nous nous préparons à donner à quelqu'un la réponse de Dieu concernant ses besoins, il faut nous assurer que cette personne comprenne que nous parlons de la vérité vraie et non de quelque chose de vaguement religieux qui semble avoir une certaine valeur psychologique.
>
> Francis A. Schaeffer, *Le Dieu qui est là*, 1968[1]

Accusés d'illusion

L'une des questions qui tourmentent le plus les personnes en quête spirituelle, question pas étrangère aux croyants non plus, est la suivante : la foi est tellement motivée par les besoins humains, peut-elle être vraiment ancrée dans la vérité ? Ceux qui pensent que la religion est une illusion disent souvent, et de manière sarcastique, que la religion est une béquille. Que ce soit une remarque moqueuse ou une question sérieuse, le sujet est important non seulement parce que nous voulons que la foi soit fondée sur des faits, mais aussi parce que la crédulité est tellement nuisible.

Pour en arriver à une réponse satisfaisante, intéressons-nous à ceux qui défendent de manière réfléchie et sérieuse l'idée selon laquelle la foi est illusoire. Bien que peu de personnes puissent être qualifiées de vraies athées, les arguments avancés par certains des plus célèbres de l'époque contemporaine sont clairs, ce qui nous permet d'examiner succinctement les questions fondamentales.

En 1842, le philosophe allemand Ludwig Feuerbach écrit un court essai qui connaît un succès retentissant. Son titre, *Thèses provisoires pour la réforme de la philosophie*[2], parodie les célèbres quatre-vingt-quinze thèses de Martin Luther, clouées sur la porte de l'Université de Wittenberg plus de trois cents ans auparavant. Dans son essai, Feuerbach appelle ses contemporains à dévoiler sans relâche le vrai visage de la religion, à savoir qu'elle est une simple projection. Solennellement, il déclare d'entrée de jeu que « le secret de la *théologie* est l'*anthropologie*. » Feuerbach prétend ainsi que lorsque quelqu'un croit en Dieu ou en tout autre principe religieux fondamental, il ne fait que projeter sa propre nature.

Karl Marx, qui s'inspire en partie de ce manifeste, mais qui suit une autre voie, déclare quant à lui que la religion est « l'opium du peuple ». Si pour Feuerbach l'illusion est une erreur cognitive, pour Marx elle constitue une drogue qui empêche de voir le besoin de réformer la société. La religion est par conséquent une idéologie – le moyen de servir les intérêts des puissants. Il est important de noter que Marx ne s'intéresse pas particulièrement au contenu de la religion et qu'il ne s'oppose pas à des doctrines particulières. Il voit plutôt dans la religion un phénomène possible de manipulation.

Au XXe siècle, Sigmund Freud suit cette école de pensée, mais d'une manière distincte. Il écrit avec pertinence que la religion, tout comme l'art et la philosophie, est une projection qui sert à se débarrasser de notre culpabilité. Dans *L'avenir d'une illusion*[3], il affirme que la civilisation impose des règles de comportement qui entrent en conflit avec nos instincts. Par une regrettable nécessité, la civilisation se sert de la religion pour rendre la vie supportable en prêtant à la nature ambiante un visage quasi humain. Ceci réduirait ce qui est dangereux dans l'existence humaine. Selon Freud, croire en Dieu serait née du besoin d'apposer une force bénéfique derrière le chaos du monde ; bien que rassurante, cette croyance est profondément contraire à la science et par conséquent illusoire, causée par des envies et des besoins. Contrairement à cela, la science et son complément, la psychanalyse, seraient les seuls moyens de voir la vie, pouvant bien plus que la religion libérer l'humanité et lui donner une moralité saine.

Plus récemment, cette notion s'est encore radicalisée. Les intellectuels français Michel Foucault, Jacques Derrida et ceux qu'on appelle les déconstructivistes, plus connus dans le milieu universitaire qu'en dehors, pensent que la religion n'est pas la seule à être une illusion. Ils considèrent que la notion de vérité elle-même est une doctrine dangereuse issue du siècle des Lumières, une arme entre les mains de la classe dirigeante. Vue comme une forme de « terrorisme intellectuel », la vérité, tout comme la religion, est une hypocrisie – une prétention menant à un usage arbitraire du pouvoir. En commençant par la cohérence et l'absolu, la religion ne peut que finir par la cruauté.

Il ne fait aucun doute que tous ces « maîtres de la suspicion » si bien formés dans « l'art de la méfiance » ne représentent peut-être pas le type de doute envers la foi que l'on retrouve dans la population en général. Mais pour mieux identifier le problème, il convient d'examiner une position plus radicale ; ce faisant, nous appliquons les deux principes de dévoilement et de retour au bercail. Penchons-nous maintenant sur quelques réponses possibles.

La confession soulage la conscience

Avant de répondre aux objections des athées, il est important de reconnaître un point sur lequel ils ont raison – savoir que la religion est souvent une illusion. Tristement, nous possédons, les êtres humains, le don de l'auto-illusion. On arriverait à se faire croire presque n'importe quoi. Les alcooliques, par exemple, arrivent à se convaincre eux-mêmes qu'ils n'ont pas de problème et qu'ils peuvent facilement refuser un verre. C'est par le déni que se crée leur illusion. N'est-ce pas la même chose avec les personnes religieuses, y compris les chrétiens ? Ne nous arrive-t-il pas souvent d'aller à l'église, de prier et de prendre les sacrements sans foi réelle ? Si oui, nous sommes « religieux » sans être « chrétiens ».

L'un des avertissements les plus récurrents dans les Écritures concerne ceux qui pensent plaire à Dieu par leur religion, mais qui en réalité ne lui plaisent pas. Le prophète Amos rapporte les dures paroles de Dieu dénonçant le culte d'Israël : « Je hais, je méprise vos fêtes, je ne puis sentir vos assemblées » (Am 5.21). Notre Seigneur lui-même nous avertit qu'au dernier jour, nombreux seront ceux qui étaleront la liste de leurs actes religieux et qu'il leur répondra : « Je ne vous ai jamais connu, retirez-vous de moi, vous qui commettez l'iniquité » (Mt 7.23).

Non seulement n'avons-nous pas besoin que Feuerbach, Marx et Freud nous mettent en garde contre les dangers de l'idolâtrie, mais leurs propres idées proviennent, indirectement, de la critique biblique de l'idolâtrie. Il devient donc évident que même ceux qui se trouvent dans l'Église peuvent se leurrer eux-mêmes par ce genre de tromperie, tout comme ceux qui se trouvent en dehors, et cela peut prendre plusieurs formes. Par le passé, on a pu témoigner de la rationalisation théologique de l'esclavage, de la domination coloniale et de l'assujettissement des femmes, entre autres. Presque toute doctrine peut être sortie de son contexte pour nourrir l'injustice. En utilisant les idées chrétiennes de providence, de diversité et de patience, certains ont non seulement justifié le traitement injuste de différents groupes minoritaires, mais ils se sont aussi, selon la métaphore de Marx, « drogués » jusqu'à se faire croire à eux-mêmes qu'il s'agit de la volonté de Dieu.

À qui l'illusion ?

Ce n'est qu'après avoir confronté honnêtement la religion déformée au moyen de la critique biblique de l'idolâtrie et des attaques des athées réfléchis que nous pourrons découvrir la fausseté qui réside dans l'athéisme lui-même. C'est là que se situent les points faibles et il faut mettre le doigt dessus. Le point faible le plus significatif des athées est leur refus d'admettre qu'ils ont aussi un préjugé religieux. Quand on qualifie la religion d'anthropologie, d'opium, d'illusion ou de terrorisme, l'accusation peut aller dans l'autre sens. Comment peut-on être sûrs que les athées n'entretiennent pas non plus une illusion ? N'importe qui peut prétendre être objectif et juger les autres en fonction de sa vision du monde. Mais d'où vient cette objectivité ? N'est-elle pas basée sur une sorte de religion tout comme la vision du monde théiste ?

Ce dilemme est exposé vers la fin du livre de Freud *L'avenir d'une illusion*, dans une section révélatrice. S'il a raison et que la religion est une illusion, alors qu'est-ce qui garantit que sa propre vision – la vérité de la « science » – n'est pas une illusion elle-même ? Reconnaissant cette ironie, Freud déclare : « Mais je tempérerai mon zèle et j'admettrai que peut-être moi-même, je poursuis une illusion. » Il ajoute avec empressement qu'en attendant la preuve de sa thèse, il décide – c'est révélateur – qu'il mettra sa confiance dans le « *dieu* logos » qui un jour libérera l'humanité du servage de la religion[4]. Dans la littérature athée, ce passage constitue un moment extraordinaire. Non seulement Freud ne peut pas échapper à un engagement religieux, mais son langage est de manière flagrante théologique !

Par la tactique de la divulgation, nous découvrons que les arguments avancés pour défendre l'idée selon laquelle la foi serait une projection peuvent retomber sur la tête de celui qui les avance. Il ne s'agit pas ici d'une simple contradiction qui se réfute elle-même ; la stratégie de divulgation est une fois de plus basée sur l'assurance du point de contact. Comme nous l'avons dit, tout le monde est religieux, qu'il le souhaite ou non. Les athées recourent à un dieu qui les aide à repousser la révélation du vrai Dieu auquel ils sont confrontés tous les jours. Leur dieu peut servir à les préserver du désespoir ou leur permettre d'atteindre l'épanouissement dans un monde difficile à comprendre. Mais c'est tout de même un dieu, construit, comme toutes nos idoles, dans la même « fabrique d'idoles » qu'est le cœur humain. Le fardeau de la preuve repose sur l'athée qui doit démontrer pourquoi la science est objective et constitue la vérité faisant autorité et pourquoi la religion est une illusion. En réalité, comme Freud a commencé à l'entrevoir, la science peut être la plus grande béquille qui soit[5].

De la même manière, pour répondre aux constats radicaux de Foucault, Derrida et de ceux qui croient que la vérité opprime, nous pouvons humblement commencer par leur demander si leur philosophie n'est pas elle-même illusoire. Tout comme Freud, nombre de déconstructivistes les plus radicaux se doivent d'en appeler à quelque chose de positif, quelque chose de quasi religieux, pour remplacer ce qu'ils ont foulé au pied. Le critique Richard Rorty défend de manière convaincante les études de textes en les qualifiant de *thérapies*, comme un moyen pratique de sortir des affres de la critique. Derrida se fait le porte-étendard de l'*éthique* qu'il voit comme un nouveau moyen d'éviter le désespoir littéraire.

Est-ce mal de rêver ?

La tactique que nous avons appelée dévoilement implique souvent ce genre de « neutralisation », c'est-à-dire retourner un argument contre lui-même. La prochaine étape – le retour au pays – c'est de montrer que même si on peut interpréter la religion comme étant opprimante ou illusoire, toute croyance n'est pas invalide par le fait même. Le mauvais usage d'une chose ne rend pas tous les usages illégitimes. Par exemple, le fait que plusieurs groupes ou sectes citent des passages bibliques hors de leur contexte ne rend pas la Bible invalide.

De la même façon, la présence de besoins et de désirs illusoires ne signifie pas que tous les besoins et tous les désirs sont mauvais. L'appétit pour Dieu est tellement répandu parmi les êtres humains à travers le monde entier qu'il constitue plutôt une indication que Dieu existe plutôt que le contraire. Ne soyons pas embarrassés par nos attentes et aspirations religieuses comme s'ils représentaient autant de signes de faiblesses. Ils sont plutôt la marque de notre dignité, nous qui sommes faits à l'image de Dieu.

C. S. Lewis souligne le fait que l'attente profonde qui caractérise les êtres humains – la soif d'un autre monde, de sens et de valeur – ne s'oppose pas à la foi chrétienne, mais serait compatible avec sa vérité. La soif d'un monde au-delà est sans doute un indice de son existence. Notre espérance en une vie après la mort est une empreinte de sa réalité.

Bien sûr, de tels appétits peuvent représenter plusieurs facettes. Soyons honnêtes quant à nos motivations. Les doutes concernant l'existence de Dieu sont enfouis sous toutes sortes de couches qui peuvent assombrir notre compréhension. Certaines personnes peuvent douter de la bonté de Dieu parce qu'elles ont eu un père cruel, parce qu'elles n'ont pas confiance en leurs perceptions ou parce qu'elles tentent d'échapper à leurs engagements.

Aussi complexe que puisse être notre incertitude, il y a, si la foi chrétienne est vraie, quelque chose de profondément fâcheux à douter de la présence de Dieu. Malgré d'apparentes contradictions, les preuves militent en faveur de sa réalité et de sa bonté. Tout pointe vers Dieu, du monde au moi, des cultures du monde à la Bible. Nous avons besoin des « raisons du cœur », la foi qui cherche à comprendre, afin de le trouver complètement et d'interpréter correctement la connaissance que nous possédons déjà.

8

Un seul chemin ?

> Une société qui accepte n'importe lequel non-sens n'est pas une société libre. Un pluralisme agnostique ne peut rien faire contre les absurdités.
>
> Lesslie Newbigin, *Une vérité à dire*, 1991[1]

Trop absurde pour être vrai

La plupart des débats sérieux sur la foi chrétienne en arrivent très rapidement à la question suivante : comment peut-il n'y avoir qu'une seule vérité ? Ce dilemme peut être formulé de différentes façons. À une extrémité, la question est de savoir comment on peut posséder quelque chose avec certitude : sur quelle base peut-on fonder la possibilité même de savoir si Dieu ou toute autre chose est vrai ? À l'autre extrémité se situe la question de l'exclusivité : la foi chrétienne ne peut-elle pas être une foi parmi de nombreuses autres croyances valables ? Les gens qui n'ont jamais entendu parler de l'Évangile sont-ils condamnés ? Peuvent-ils être sauvés sans avoir une foi en Christ bien articulée ?

Des questions annexes se posent aussi. La prétention à la vérité exclusive n'est-elle pas par définition arrogante ? Les missionnaires n'*imposent*-ils pas leur vision aux autres, empiétant sur leur liberté ? Et le fondamentalisme – n'est-ce pas au mieux une intolérance et au pire un danger ? Ne pouvons-nous pas vivre tous ensemble sans nous occuper de religion ?

Toutes ces questions risquent d'être bien plus pressantes aujourd'hui qu'elles ne l'ont été avant l'avènement de la modernité. En effet, l'une des caractéristiques principales de la civilisation moderne est le *pluralisme*, ce qui signifie que plusieurs groupes et institutions fondamentalement différents coexistent. Jamais auparavant un aussi grand nombre de gens d'origines et de cultures aussi diverses n'ont été amenés à vivre ensemble. Grâce à la rapidité des communications, à la facilité des déplacements et à la mondialisation accélérée de l'économie, nous vivons et travaillons aux côtés de personnes venant de tous horizons et qui sont différentes de nous. Si nous vivions au Moyen Âge, nous n'aurions sans doute jamais rencontré plus d'une centaine de personnes différentes au cours de notre vie et la plupart d'entre elles nous ressembleraient. Aujourd'hui, au contraire, nous rencontrons des centaines, voire des milliers, de personnes chaque jour, et malgré certaines limites qui renforcent les similitudes, nos voisins ne nous ressemblent pas nécessairement.

Il ne faut donc pas s'étonner qu'il soit difficile de croire qu'il n'y aurait qu'une seule vérité. Cette idée ne s'appuie pas tant sur la logique que sur l'observation – nous voyons toutes sortes de gens autour de nous et nous nous demandons naturellement comment il n'y a qu'un seul de ces groupes qui puisse avoir raison. Jeune homme, j'étais à la recherche de la vérité et la question de l'exclusivité de l'Évangile constituait pour moi une importante pierre d'achoppement. La plupart des chrétiens que j'ai rencontrés alors m'ont dit de ne pas trop m'inquiéter de ce problème en me disant que ce n'était sûrement qu'un écran de fumée qui cachait mes nécessités personnelles plus fondamentales.

Ce que la vérité demande

Lorsque quelqu'un pose la question de savoir comment la foi chrétienne peut être la seule vérité alors qu'il existe tant d'autres religions, il est important de découvrir ce qui se cache derrière la question. Pour certains, il peut sembler injuste qu'une seule partie de l'humanité puisse connaître la vérité. Sur les quelque sept milliards d'êtres humains qui vivent sur terre, il y a un peu plus de deux milliards de chrétiens. Comment les deux tiers de l'humanité peuvent-ils se tromper sur une question aussi importante ? Nous avons une double réponse à cette question : premièrement, si le christianisme est vrai, personne n'est dans l'obscurité totale. Que ce soit par le monde extérieur ou la conscience, il y a toujours une certaine lumière[2]. Même si les non-croyants peuvent ne pas avoir traité la révélation divine correctement, ils en savent assez pour être tenus responsables. Deuxièmement, la vérité ne se détermine pas démocratiquement – la vérité n'est pas basée sur ce que la majorité croit. Une petite minorité peut souvent avoir raison, alors que la vaste majorité se trompe. Par exemple, même si les femmes sont considérées comme inférieures dans de nombreuses cultures autour du monde, cela ne veut pas dire que c'est vrai.

D'autres peuvent penser que les chrétiens ne devraient pas imposer leur point de vue aux autres. C'est en effet une erreur d'imposer ses convictions religieuses aux autres, dans la mesure où par imposition on entend faire entrer dans la tête des gens certaines doctrines par la force et la manipulation. Les fidèles du Christ devraient être les premiers à dénoncer cette pratique, que ce soit par le passé, par exemple, dans le triste exemple des conquérants qui ont forcé leur religion sur les vaincus, ou que ce soit par le présent.

Cependant, même si les chrétiens ne forcent pas les autres à croire ce qu'ils croient, ils ne peuvent pas s'empêcher de proclamer la vérité et de persuader les autres. Nous ne croyons pas avoir inventé la vérité, mais nous voyons à quel point nous en étions éloignés et voulons partager la révélation de Dieu avec les autres. Le Christ est la porte d'entrée de la vie éternelle et nous voulons que les autres découvrent la même libération que nous avons vécue.

Dans notre contexte contemporain, l'une des raisons pour lesquelles il peut sembler difficile d'accepter l'idée de vérité en tant que telle est que nous avons tendance à penser que la vérité religieuse relève du privé et du subjectif. Nous entendons souvent dire que les autres peuvent bien croire ce qu'ils veulent tant qu'ils nous laissent tranquilles dans ce que nous, nous croyons. Mais il ne faut pas pousser cette idée à l'extrême – les enseignants ne pourraient plus enseigner les mathématiques, les juges ne pourraient plus juger et les parents ne pourraient plus inculquer quoi que ce soit à leurs enfants. Mais, diront certains, ces choses sont objectives alors que la religion est très personnelle.

Il est certain que la culture occidentale, enracinée dans le mouvement romantique, a relégué les convictions religieuses au rang de sentiment. Depuis le XIXe siècle en particulier les grands poètes et musiciens considèrent le sentiment religieux comme un signe indicible de la capacité humaine pour le divin. Perturber ce sentiment est vu comme quelque chose d'indécent, comme si on interrompait la joie que procure un beau coucher de soleil. D'une certaine manière, il est vrai, la piété religieuse revêt un caractère très privé – lors de nos prières et méditations, nous pouvons jouir d'une certaine intimité avec Dieu qui peut difficilement être publique. Mais il ne faudrait pas confondre la religion avec nos sentiments, car le moment arrive où les convictions doivent s'opposer à des sentiments erronés.

Un troisième type de pensée pourrait animer ceux qui s'interrogent sur la vérité des autres croyances. Un présupposé répandu qui sous-tend cette question insinue que toutes les religions sont les mêmes ; spécifiquement qu'il y aurait une grande Vérité (avec un grand V) et beaucoup de petites vérités (avec un petit v) qui y mènent. Chaque religion peut avoir ses rituels particuliers, ses symboles et ses personnages saints, mais ses partisans finiront par trouver une vérité universelle qui transcende tous les symboles et toutes les pratiques particulières.

Cette approche connaît de sérieuses failles, la principale étant qu'elle met toutes les religions dans le même sac, les identifiant à un paradigme unique. Elles commencent toutes au même niveau, à peu près, et elles arrivent toutes au même endroit. Mais en étudiant attentivement différentes visions du monde, il est impossible d'être aussi catégorique. Tentez de trouver une base commune aux différentes visions du monde. Ce ne peut pas être croire en Dieu, puisque toutes les visions du monde n'acceptent pas l'existence de Dieu – le confucianisme est agnostique, le bouddhisme zen, athée. Ce ne peut pas être non plus l'autorité d'un texte sacré parce que toutes les religions n'en ont pas et les textes de celles qui en ont un ne sont pas comparables. Par exemple, le Veda ne jouit pas du même statut que le Coran. L'inspiration de la Bible est très distincte de la façon dont la Bhagavad-Gita a été transmise. Ce n'est pas non plus une eschatologie – la vision pour la fin du monde. La vision marxiste est basée sur le matérialisme historique, mais refuse l'étiquette de « religion ». Le bouddhisme mahayana croit en l'abandon de toute idée utopique et opte pour le sunyata, la vacuité ultime. Et la liste peut continuer. En fin de compte, il ne reste qu'une question essentielle : est-ce que c'est vrai ?

Tout ou rien ?

Il est important de souligner le fait que les chrétiens reconnaissent ce qui est vrai dans les autres religions. Croire que les fondements de la vérité et du salut se trouvent dans la révélation biblique et culminent en Jésus-Christ ne signifie pas croire que seuls les chrétiens possèdent la vérité ou la sagesse. Par exemple, ceux qui connaissent bien les cultures islamiques savent à quel point leurs grandes valeurs peuvent faire honte aux Occidentaux, par exemple le respect dû aux invités, la vénération donnée à un texte sacré et les normes rigoureuses d'études.

Les chrétiens peuvent être insensibles aux richesses qu'offrent les autres visions du monde. Mais évidemment, si l'Évangile est vrai, les autres positions doivent avoir de sérieuses failles. Nous n'avons pas pour but ici de passer en revue les différentes religions et d'évaluer leurs forces et leurs faiblesses. Nous pensons plutôt qu'il faut apprécier honnêtement les forces des autres positions tout en examinant leurs problèmes fondamentaux.

Ayant vécu de nombreuses années dans le sud de la France, ma famille et moi avons été en contact avec beaucoup de musulmans, ce qui nous a permis d'en apprendre davantage sur les nombreux points forts de l'islam, mais aussi sur les failles importantes de cette religion. Selon sa doctrine, l'islam est moniste – Dieu est un, pas plusieurs. Le Coran, qui révèle ce qu'on est tenu de croire et de faire, est l'unique règle pour toute la vie, non la personne et l'amour de Dieu. Selon le Coran, Dieu est le Tout-Puissant, mais on ne peut pas le connaître en tant que personne ; il n'est pas le « Père ». La « Volonté » d'Allah est la plupart du temps un destin inévitable plutôt qu'une providence aimante. La vie est extrêmement règlementée et tout, y compris l'alimentation, doit se conformer à une loi stricte. Pour de nombreuses sectes à l'intérieur de l'islam, la conquête et le pouvoir sont les seuls moyens d'établir ce style de vie.

Un seul chemin ?

L'islam s'en tient essentiellement à une vision du monde légaliste. Chacun doit vivre avec un terrible fardeau, soit respecter strictement la loi, de peur d'être condamné par Allah. Selon la tradition islamique, chacun naît avec deux anges qui lui sont assignés, l'un assis sur l'épaule gauche et consignant toutes les mauvaises pensées, paroles et actions, l'autre assis sur l'épaule droite et consignant toutes les bonnes pensées, paroles et actions. À la fin de sa vie, tout est calculé, mais il est impossible de savoir à l'avance si, au jour du jugement, une bonne action a plus de poids qu'un péché, même commis par omission. Par-dessus tout, il n'y a pas d'expiation pour les péchés et aucune assurance de l'amour personnel de Dieu.

Tout comme pour l'islam, le fardeau de la libération de soi se situe au cœur de nombreuses autres religions. Il en existe plusieurs versions, allant du karma de l'hindouisme au tao de Lao Tseu. Mais, quel que soit le nombre de nos bonnes actions, il est impossible d'effacer notre culpabilité et notre responsabilité morale envers Dieu.

La foi chrétienne est unique, car elle offre une perspective sur notre vraie maladie et son remède. Le diagnostic, traduit par les mots « péché » et « culpabilité », est que notre séparation d'avec Dieu et les détresses qui s'ensuivent ont pour cause notre déclaration morale d'indépendance. Le seul remède est l'intervention de Dieu lui-même, qui s'est manifestée lorsqu'il s'est fait homme et a subi les conséquences de notre péché et de notre culpabilité. Revenir à Dieu, c'est élever des mains vides afin de recevoir l'œuvre efficace du Christ.

Les diverses religions non chrétiennes peuvent avoir de nombreuses qualités, mais au plus profond d'elles-mêmes, elles ne peuvent pas offrir d'expiation et, par conséquent, ne peuvent pas conduire à Dieu. Cela fait réfléchir, mais si l'Évangile du Christ est vrai dans ce sens fondamental, le sens le plus profond, les autres religions ne peuvent pas l'être. Deux philosophies contradictoires ne peuvent tout simplement pas être valides toutes les deux. Croire cela n'est pas de l'arrogance. Au contraire, c'est une leçon d'humilité. En réalité, le fait d'être chrétien devrait nous rendre extrêmement modestes parce que nous avons accepté la dure réalité de notre condition : l'impuissance. L'Évangile n'est peut-être pas flatteur, mais il nous libère.

Le Christ est-il le seul chemin ?

Nous pouvons aussi arriver à la question de l'unicité d'une autre façon, en considérant directement Jésus-Christ. Comment un rabbin palestinien du Ier siècle peut-il être « le chemin, la vérité et la vie » pour tout le monde, y compris pour ceux venant d'arrière-plans sociaux et religieux complètement différents ? Un Jésus à la peau mate peut-il être le sauveur des noirs ? Un homme peut-il représenter convenablement les femmes ? Une personne ayant une famille stable peut-elle comprendre une personne qui vient d'une famille dysfonctionnelle ? Et la liste peut s'allonger. Il y a deux niveaux à considérer pour répondre à ces questions.

Premièrement, la théologie traditionnelle de l'Église, expliquant les Écritures, affirme catégoriquement que Jésus est à la fois homme avec toutes les particularités de sa race et en même temps Dieu lui-même. Selon l'une des principales formules classiques, il est une personne en deux natures, humaine et divine. S'il est difficile d'imaginer qu'un Juif du Ier siècle puisse sauver le monde entier, considérez le fait que ce n'est pas un simple homme qui a connu la mort sur la croix. Lorsqu'il lève les yeux au ciel et s'écrie « Mon Dieu, mon Dieu, pourquoi m'as-tu abandonné ? », Jésus vit l'agonie de Dieu, pas seulement les souffrances d'un homme.

Puisque les hommes sont responsables – ils ont commis le péché –, il fallait que ce soit un être humain qui porte la responsabilité et les conséquences de la culpabilité de l'humanité. Mais seul Dieu peut supporter ce poids. Pour expliquer l'expiation du Christ, la façon la plus simple est d'utiliser le langage de la substitution pénale. Selon les normes de la justice divine, nous qui sommes coupables avons une dette envers Dieu, tout comme sur le plan humain un criminel a une dette envers la société. Comme nous sommes incapables de payer la dette, quelqu'un d'autre doit le faire, et seule une personne qui n'a pas de dettes et qui est même en mesure de payer l'obligation de tous peut le faire. Cette personne c'est Dieu. Nous retrouvons cette idée expliquée succinctement dans le Catéchisme de Heidelberg[3] :

> Question 14 : Y a-t-il quelque part une simple créature qui puisse payer pour nous ?
> Réponse : Non, il n'y en a aucune. D'abord, parce que Dieu ne veut pas punir une autre créature pour une faute dont l'homme est responsable ; ensuite, parce qu'une simple créature ne pourrait ni supporter le poids de la colère éternelle de Dieu contre le péché ni en délivrer d'autres.
>
> Question 15 : Quel médiateur et libérateur devons-nous donc chercher ?
> Réponse : Quelqu'un qui soit vrai homme et parfaitement juste, et cependant plus fort que toutes les créatures, c'est-à-dire qui soit en même temps vrai Dieu.

Si le Christ est le Dieu-homme (selon l'expression consacrée d'Anselme de Cantorbéry), alors personne d'autre n'est qualifié et la question de la dette humaine ne peut trouver de solution autrement. Il ne peut y avoir qu'une seule voie vers le salut.

Deuxièmement, même si Jésus n'a pas connu tous les types d'épreuves possibles ni vécu toutes les différentes expériences humaines, il a supporté quelque chose de tout à fait caractéristique à l'humanité. L'épître aux Hébreux est une étude sur Jésus le sacrificateur – celui qui porte les charges du peuple, intercède pour lui et devient le seul substitut pour le péché. L'auteur de l'épître affirme que le Christ peut être ce sacrificateur en raison de son expérience humaine. En effet, « du fait qu'il a souffert lui-même et qu'il a été tenté, il peut secourir ceux qui sont tentés » (Hé 2.18). Le résultat est que nous avons un intermédiaire qui nous comprend et peut nous aider dans nos besoins,

> ... car nous n'avons pas un souverain sacrificateur qui ne puisse compatir à nos faiblesses ; au contraire, il a été tenté comme nous en toutes choses, sans commettre de péché. Approchons-nous donc avec assurance du trône de la grâce, afin d'obtenir miséricorde et de trouver grâce, pour être secourus dans nos besoins (4.15,16).

Par conséquent, le Christ peut nous secourir uniquement parce qu'ayant souffert et ayant été tenté, il n'a jamais succombé. Comment le Christ peut-il être le secours dans nos manquements si ce manquement est un cancer ? Ou la guerre ? Ou bien la mort d'un enfant ? Ici encore, en tant que souverain sacrificateur[4], il se contente pas de se tenir à nos côtés pour compatir et nous réconforter, il trace le chemin menant au soulagement définitif de nos afflictions. Et de manière mystérieuse lorsque nous souffrons, nous participons dans le nom du Christ de façon particulière – nous partageons le privilège de souffrir comme il a souffert. Comme le dit l'apôtre Pierre :

> Mes bien-aimés, ne trouvez pas étrange d'être dans la fournaise de l'épreuve, comme s'il vous arrivait quelque chose d'extraordinaire. Réjouissez-vous, au contraire, de la part que vous avez aux souffrances de Christ, afin que vous soyez aussi dans la joie et dans l'allégresse lorsque sa gloire apparaîtra... Mais si quelqu'un souffre

comme chrétien, qu'il n'en ait point honte, et que plutôt il glorifie Dieu à cause de ce nom (1 Pi 4.12,13,16).

Puisque le Christ est unique, la façon de faire face au malheur l'est aussi. Comme chrétiens, nous n'échappons pas aux épreuves, mais nous pouvons les supporter d'une manière toute spéciale et savons que notre souverain sacrificateur finira par enlever toutes difficultés et toutes injustices. Comme le grand chanteur Blind Willie Johnson le dit dans une chanson : « Remets ton fardeau au Seigneur et laisse-le-lui. Laisse-le-lui, laisse-le-lui[5] ».

Par conséquent, Jésus peut représenter tous les êtres humains, aussi différents soient-ils. Pour un esprit moderne, il peut paraître étrange qu'un célibataire issu d'une culture particulière, d'une ethnie particulière et d'un arrière-plan économique et social spécifique, puisse représenter riches et pauvres, hommes et femmes, Africains et Asiatiques. Mais pour que l'idée même de représentation soit valable, la personne qui est mon sacrificateur (mon prêtre) doit nécessairement être différente de moi, mais peut me comprendre parce qu'il a vécu les mêmes types de difficultés que moi. Par conséquent, Jésus ne peut pas être notre représentant s'il n'est qu'un esprit ou une abstraction philosophique. Il doit être un être humain qui comprend la situation de tant de personnes différentes.

Célébrer la diversité

Finalement, évoquons brièvement l'autre facette du sujet que nous avons développé dans ce chapitre. Ironiquement, tout en repoussant l'idée selon laquelle toutes les religions sont les mêmes et que le Christ est un sauveur parmi tant d'autres, nous applaudissons la diversité en tant que telle. Dieu a créé le monde avec une extraordinaire diversité ; l'humanité elle-même est riche de différences culturelles, ethniques et physiques. Cette réalité ne constitue pas un problème, mais un réel hommage au Créateur, qui est lui-même « trois en un ».

Même si la diversité peut devenir fragmentation ou rivalité dans un monde déchu et brisé, n'oublions pas ses vertus. En surface, il peut sembler que tout pluralisme est en contradiction avec l'unicité de la vérité. Dans un monde où les valeurs morales et les vérités théologiques sont considérées comme des préférences personnelles, on pourrait comprendre que le pluralisme soit vu par certains chrétiens comme une menace. Mais le pluralisme, du moins tel que je le conçois, réfère à la diversité sociale et culturelle en tant que fait, avec ses bons et ses mauvais côtés.

En elle-même, la diversité des peuples et des ethnies reflète la diversité de Dieu dans son être. Pourtant, dans notre monde, un aspect de cette diversité peut poser un problème en raison de la chute. Par exemple, le mot « hérésie » peut paraître démodé, mais il signifie simplement un « choix » avec la connotation de choisir délibérément de dévier du droit chemin. Ce genre de diversité n'est pas normale et en fin de compte ne tient pas.

Néanmoins, la diversité dans son ensemble est bonne et enrichissante. Les chrétiens ne devraient pas se sentir menacés par les différences culturelles, mais devraient être les premiers à en recommander la variété, car nous savons par la création elle-même que Dieu aime peindre en utilisant une palette variée.

Notre époque est particulièrement sensible à la question de la diversité. Prétendre qu'une religion est exclusive mène plus souvent à des réactions enflammées qu'à une réflexion éclairée. Il est vrai qu'au niveau le plus fondamental, la foi chrétienne est incomparable. Il n'est simplement pas possible que le Christ ait tracé le chemin menant à Dieu si d'autres chemins sont tout aussi valables. Si l'Évangile est vrai, il existe une incompatibilité fondamentale entre la foi et l'incroyance. Cependant, rien dans les Écritures ne dit que les chrétiens ne peuvent pas s'entendre avec les autres. De plus, le message de l'Évangile est porteur d'une célébration véritable de la diversité au sein de l'unité de la foi. Non seulement les barrières sont détruites entre Juifs et non-Juifs, entre hommes et femmes, entre employeurs et employés, mais les différences légitimes d'ethnies, de races et de genres sont préservées.

9

Le grand scandale

> Nous pouvons observer comment les Écritures s'opposent à toute analyse indépendante du monde qui place Dieu dans l'ombre, même temporairement. Le pas de foi, selon lequel nous savons dès le départ que toute injustice est impossible en Dieu, est décisif pour toute considération d'une théodicée.
>
> G. C. Berkouwer, *La providence de Dieu*, 1955.

Le mal n'est pas un problème

Le mal n'est pas un problème, il est *le* problème – c'est-à-dire la réalité déraisonnable ultime qui ne devrait pas exister. Les débats apologétiques finissent bien souvent par répondre aux attaques en défendant Dieu contre les accusations de malveillance : comment Dieu peut-il être bon alors que le mal existe ? Le diable existe-t-il ? Sommes-nous réellement libres ? La culpabilité collective existe-t-elle ? La souffrance a-t-elle un but ? Et même si le problème du mal comporte un aspect théorique, il n'est pas en premier lieu abstrait. Pensons à la douleur ressentie face à la perte d'un être cher, à la perplexité d'une victime innocente, ou encore au danger, à la maladie et à la mort elle-même.

La souffrance, qui est souvent la forme la plus évidente du mal, met la volonté à rude épreuve. Baudelaire lutte avec le pouvoir de la souffrance : « Sois sage, ô ma douleur », déclare-t-il à cette amie non désirée. La douleur n'a pas de sens en elle-même et pour qu'elle devienne souffrance, il faut un contexte particulier. La croix du Christ constitue notamment le plus grand symbole du lien qui existe entre la douleur et la souffrance, les rendant visibles et inévitables. Il présente l'injustice ultime, la mort d'un innocent. La croix constitue aussi le symbole de l'amour et de la compassion, car sur elle est mort le juste pour les injustes, la lumière pénétrant les ténèbres. Pas étonnant que la croix soit le signe dominant chez les artistes, les aumôniers et les théologiens qui font face aux problèmes les plus profonds de l'humanité.

Ainsi, il n'est pas étonnant que toutes les philosophies et religions soient préoccupées par le mal, la souffrance et la douleur. Le problème du mal n'est pas spécialement un problème chrétien. Tous ceux qui luttent avec le mal reconnaissent qu'une chose peut être bonne et vraie, mais les choses ont tout de même mal tourné. Quiconque a un « problème » avec le mal adhère à une norme ainsi qu'au besoin de concilier la réalité et la norme.

À travers l'Histoire, trois questions fondamentales et interdépendantes ont préoccupé les plus brillants esprits. La première concerne l'origine du mal : comment est-il apparu ? A-t-il un but ? Si Dieu est bon, alors comment le mal a-t-il pu pénétrer dans l'univers ? La deuxième concerne la nature du mal : qu'est-ce que c'est ? Est-ce une substance, un état ou une contre-réalité ? La troisième concerne la solution : que peut-on faire ? Faut-il l'ignorer ou le supporter ? Est-il possible de le vaincre ?

Bien qu'un bref chapitre ne puisse répondre complètement à ces questions, nous exposerons les différentes positions concernant le problème du mal et évaluerons leurs forces et leurs faiblesses pour finir par proposer trois affirmations entourant les trois questions fondamentales.

L'école de la souffrance

Dans son roman autobiographique *Une miséricorde sévère*[1], Sheldon Vanauken raconte une histoire d'amour qui contient un puissant message concernant le but de la souffrance. Dans un grand magasin, Sheldon rencontre une jeune femme, Davy, en tombe amoureux et finit par l'épouser. De nouveaux horizons s'ouvrent à eux lorsqu'ils découvrent tout ce qu'ils ont en commun, dont la quête de vérité. Afin de protéger leur amour, ils décident de mettre en place un « bouclier d'amour », qui est une sorte de barrière les protégeant de toutes attaques. Décidant que les enfants sont des intrus, ils n'en ont pas. À un certain moment, ils étudient à l'université d'Oxford et ils y rencontrent des chrétiens, parmi lesquels C. S. Lewis. Davy devient enfin une croyante, ce qui a tout d'abord posé un problème puisque Sheldon n'avait pas encore embrassé la foi. Le bouclier est levé, mais seulement jusqu'au moment où il se convertit, lui, et tout s'arrange.

Mais Davy contracte ensuite un cancer en phase terminale. Avec une grande éloquence, Vanauken décrit la terrible douleur, physique et psychologique, ainsi que la mort de sa femme bien-aimée. C'est alors que le réel drame se produit. Sheldon passe par toutes les étapes du chagrin – la colère, le marchandage et la résignation. Durant cette période, il trouve un grand réconfort, mais aussi de grands défis, dans un échange épistolaire avec C. S. Lewis. Il réalise ainsi que la perte de Davy est une « miséricorde sévère » parce qu'elle (Davy) est désormais entière et que tout ce qu'ils voulaient tous les deux, le paradis, lui appartient désormais. Lewis l'a aussi aidé à comprendre que leur amour était trop centré sur eux-mêmes. Il a reproché à Sheldon d'avoir privé Davy de la maternité. C'était « nous et Dieu » plutôt que « Dieu et nous ». En un sens, leur amour a été sauvé par la mort.

Du côté positif, comment ne pas reconnaître que le mal nous apprend des choses ? Par la souffrance, nous apprenons souvent des choses que nous n'aurions pas comprises autrement. L'amélioration par l'affliction représente un thème des Écritures. Souvenez-vous de Joseph, vendu en esclavage par ses frères jaloux et qui est pourtant devenu celui qui a distribué de la nourriture en Égypte durant une terrible famine. Lorsque ses frères sont face à lui, il peut leur dire : « Vous aviez médité de me faire du mal : Dieu l'a changé en bien, pour accomplir ce qui arrive aujourd'hui, pour sauver la vie à un peuple nombreux » (Ge 50.20). La croix du Christ est le principal exemple de la rédemption par et à cause du mal.

Du côté négatif, cependant, l'usage rédempteur du mal n'*expliquera* jamais pourquoi le mal existe. C'est une chose d'utiliser le mal pour le bien lorsque le mal existe déjà, c'en est une autre de le créer tout court. Certains adhèrent à l'idée répugnante selon laquelle Dieu aurait créé le mal dans le but de provoquer un plus grand bien. La Bible dénonce souvent une telle idée : Dieu est saint ; il n'y a en lui ni changement ni ombre de variation ; il ne tente jamais personne.

Il existe une théologie médiévale qui adhère à cette position et qui célèbre la *felix culpa*, la culpabilité heureuse de la chute d'Adam. C'est par cette dernière que la rédemption du Christ aurait pu se produire. Mais cette notion est carrément non biblique – la culpabilité n'est jamais heureuse et même si Dieu fait parfois sortir le bien du mal, l'idée de célébrer le mal est une notion détestable.

Tout n'est qu'un rêve

Il existe une autre théorie du mal qui se décline en plusieurs versions et qui prétend que le mal est une illusion. Selon la philosophie de l'hindouisme, seul le Brahman est réel et tout le reste n'est qu'un « passage » du centre vers les périphéries. L'existence est cyclique, allant du manifeste au non-manifeste, de la force à la matière, de l'énergie à la substance. Ce que nous appelons le mal est en fait *maya* – une illusion, un rêve, un conte. Toute idée de souffrance est liée au fantasme de notre humanité, de notre valeur et de l'idée des droits et des sentiments.

De même, il existe de nombreuses versions occidentales. Le philosophe Charles Werner affirme que le mal vient de la dissociation du désir (qui est lié aux choses) et de l'intelligence (qui peut contrôler la vie). Selon la position pseudo-chrétienne que défend par exemple la « Science chrétienne[2] », le mal, y compris la souffrance et la maladie, n'est pas réel, mais est lié au monde physique qui se situe à des années-lumière du monde spirituel. Certaines approches sur la vie chrétienne suivent la même position et prétendent qu'il n'est pas spirituel de se soucier de la souffrance. Il existe d'autres exemples populaires véhiculés par l'éthique victorienne et son « faire bonne contenance » ou la bravade macho du « dur à cuir ».

Cette vision peut se recommander sur certains points. En effet, il y a quelque chose dans le mal qui n'est pas ultime, pas tout à fait réel. Dans sa polémique contre les manichéens, Saint-Augustin souligne le fait que le mal n'est pas une *chose* – il n'a pas de substance. Contrairement au bien, qui se définit par lui-même, le mal a besoin du bien pour avoir du sens. Selon son expression célèbre, le mal est *privatio boni*, une privation, une absence.

La compréhension de Saint-Augustin sur la question du mal nous protège contre toutes les positions qui font du mal une chose substantielle. Le mal ne se trouve pas dans la nourriture, mais dans notre façon d'en abuser, par exemple la gloutonnerie. Il ne se trouve pas dans les accords et rythmes musicaux, mais dans notre façon de les utiliser pour notre plaisir égoïste. Il y a une implication théologique à nommer mal l'absence de bien, car cela attire l'attention sur le Père de Lumière, le Dieu dont les attributs nous permettent de tout définir. Dans l'histoire de la rédemption aussi le mal est éphémère. L'apôtre Paul nous dit en effet que « les souffrances du temps présent ne sauraient être comparées à la gloire à venir qui sera révélée pour nous » (Ro 8.18).

Mais le mal n'est pas simplement l'absence de quelque chose d'autre, c'est une réalité horrible. En plus de transgresser les règles, le mal revêt une « force hideuse » qui ne touche pas tout le monde personnellement ou directement. Parfois, la découverte de la souffrance chez les autres peut nous frapper très fort. La psychanalyste française Marie Moscovici a été confrontée à la réalité du mal en regardant le film *Shoah*, de Claude Lanzman, qui dure neuf heures. Elle a supporté la majeure partie du film sans réelle émotion à l'exception de l'épisode où les Juifs sont transférés de Terezin à Auschwitz. Jusqu'aux dernières minutes avant d'être gazés, ils ne se doutaient pas du sort terrible qui les attendait. Ils ont alors commencé à chanter un chant juif, *l'Hymne à l'espoir*. Moscovici a fondu en larmes et a compris, en particulier à cause de la musique, que le mal avait un visage et que sa douleur était aussi la leur[3].

Les Écritures ne traitent jamais du mal comme illusion. Jésus lui-même, bien qu'il soit Dieu, était un « homme de douleur et habitué à la souffrance » (És 53.3). Il y a dans l'Évangile selon Jean un épisode étonnant où Jésus rencontre le mal (Jn 11.1-44). Lazare, le frère de Marie et ami proche de Jésus, est mort. Lorsque Jésus voit Marie dans la douleur et pense à son ami, le texte dit deux fois de lui qu'il frémit (v. 33,38). Le mot utilisé en grec signifie une colère très forte, signifiant littéralement que Jésus était rempli de fureur. Quand la narration ajoute que Jésus pleura, il ne s'agit pas d'un sentiment de regret, mais des larmes d'indignation. Jésus, le créateur de l'univers, Jésus qui allait ressusciter Lazare des morts sous peu, Jésus le Tout-Autre, est furieux contre la mort, *sans* être en colère contre lui-même. Il a fait le monde sans mal, mal qui y est entré comme un intrus. C'est donc le mal, et non Dieu, l'ennemi réel.

Bien évidemment, la souffrance et le mal n'étaient pas étrangers à Jésus. Après l'incident il va à Jérusalem et une semaine plus tard il meurt d'une mort horrible, « ainsi par la grâce de Dieu, il a souffert la mort pour tous » (Hé 2.9). Les chrétiens qui imaginent être à l'abri des afflictions habituelles de l'humanité se trompent tristement. Jésus n'a pas dit qu'il nous épargnerait la détresse, mais il nous fait une promesse pleine d'espoir : « Vous aurez des tribulations dans ce monde ; mais prenez courage, j'ai vaincu le monde » (Jn 16.33).

C'est comme ça

Une troisième vision en appelle à l'ordre universel où le bien et le mal sont nécessaires et coexistent. L'une des variantes de cette vision, et qui est la plus facile à identifier, est le dualisme, bien que ce soit rarement un dualisme pur. L'Église primitive a lutté contre une hérésie nommée le manichéisme, qui voit deux principes absolus dans l'univers – la lumière, personnifiée par le Père des lumières, et les ténèbres, personnifiées par le Prince des ténèbres. Le principal legs du manichéisme est l'idée que le bien et le mal sont des forces égales, ou presque.

Il existe une version influente de cette idée dans la notion d'« imperfection du bien », lorsque la présence du mal est vue comme nécessaire à l'ordre des choses. L'*Optimisme*, la philosophie du XVIIIe siècle, constitue l'expression classique de cette tradition, dont les deux plus célèbres défenseurs sont G. W. Leibnitz et

Alexander Pope. L'idée de base est ici que le monde est organisé comme une « grande chaîne de l'être ». Du plus haut (Dieu) au plus bas (le non-être), toutes les parties du monde, y compris l'humanité, se fondent dans un système rationnel. Le mal constitue, en tant que face cachée du bien, une partie nécessaire de l'ordre des choses. Dans son *Essai sur l'homme*, Pope déclare « Ne va donc point au ciel reprocher ta disgrâce. Dis plutôt ! Je suis tel que l'exige ma place. » Son épopée se termine avec l'affirmation : « Montrer que tout est bien, que l'orgueil a tort ; qu'avec les passions la raison est d'accord[4]. »

Reconnaissons toutefois que le dualisme prend le mal très au sérieux. Le diable est une vraie personne, et non un vague symbole. La forme particulière de l'optimisme célèbre aussi la sagesse de Dieu et nous appelle à reconnaître avec Job que même si nous n'avons pas toutes les réponses, il existe des arguments qui insèrent le mal à l'intérieur du bon plan de Dieu. En utilisant la métaphore de la tapisserie, on peut dire que la confusion règne du côté de la perception humaine (l'envers de la tapisserie), mais en fin de compte nous verrons tout comme Dieu la voit – quelque chose de beau (l'endroit de la tapisserie[5]).

De l'autre côté, cependant, le principal problème de toute vision liant le mal à l'ordre des choses est que Dieu devient nécessairement l'auteur du mal. Même si au mieux ils louent la sagesse de Dieu, ceux qui défendent cette idée doivent admettre que Dieu ne peut faire autrement que de ménager le mal – donc, soit qu'il n'est pas bon en tout, soit qu'il n'est pas puissant en tout.

Le plus grand problème est peut-être que le mal est vu comme nécessaire. Mais cela permet de l'expliquer, et la justification – voire l'excuse – n'est pas loin.

Le risque de la liberté

L'une des positions les plus en vue parmi les chrétiens est celle qui veut que même si Dieu est le Créateur, il n'a pas créé le mal, mais la *possibilité* du mal parce que sans cela il ne pourrait y avoir de garantie de liberté. L'idée est que Dieu a créé l'humanité pour qu'elle l'aime. Mais l'amour contraint n'est pas le vrai amour, c'est pourquoi il nous a dotés de la liberté de le choisir ou de ne pas le choisir. Selon ce raisonnement, Dieu n'est pas responsable du mauvais choix qui a été fait. Il peut avoir implanté en nous la possibilité du mal, mais pas le mal lui-même. De plus, Dieu aurait pu nous forcer à rester bons, mais il a volontairement abandonné une partie de son pouvoir afin d'assurer la liberté humaine.

La vertu de cette approche consiste à rejeter le blâme pour le mal sur les êtres humains et non sur Dieu ou sur l'ordre des choses. La chute ne s'est pas produite en raison d'un « programme » présent dans la création ou d'une graine de discorde[6]. Le monde a été créé bon. Et, faut-il ajouter, même si Dieu est tout-puissant et omniscient, il est prêt à faire des sacrifices pour l'amour de son monde. Il respecte la réalité de la création et il est prêt à laisser les causes secondaires et les lois naturelles poursuivre leur œuvre sans son interférence. De plus, la liberté est une vertu précieuse qui procure la responsabilité. Contrairement à la vision du mal comme illusion, le mal est réel, mais la faute en revient aux êtres humains qui l'ont choisi.

Aussi attrayante qu'elle puisse paraître, cette position souffre de sérieux défauts. Le principal, c'est son incapacité à sauvegarder l'innocence de Dieu. Même si l'accent est mis sur la responsabilité humaine, Dieu est tout de même impliqué parce que c'est lui qui a placé la possibilité de choisir le mal. Mais que signifie la *possibilité* ? N'est-ce pas un mécanisme par lequel l'indésirable peut tout de même se produire ? Si je roule à 150 km/h sur une route de montagne et que je double la voiture de devant dans un virage sans visibilité, je peux penser que le risque n'est pas grand, pensant que les chances qu'un autre véhicule arrive en sens inverse sont peut-être faibles. Mais si j'ai un accident, je ne peux pas vraiment rejeter le blâme sur la « possibilité ». Je suis responsable d'avoir pris le risque. De la même manière, si Dieu crée un monde qui est assez bien protégé contre le mal et qui en même temps inclut le risque que le mal apparaisse, c'est lui qu'il faudrait blâmer en fin de compte.

Le problème de cette position devient encore plus évident lorsqu'on s'intéresse à son corollaire, l'humilité de Dieu. Selon cette théorie, Dieu renoncerait à une partie de son pouvoir afin de s'assurer que les êtres humains ne sont pas contraints. Tout cela a l'air bien jusqu'à ce qu'on se demande ce qu'est un Dieu qui est moins que tout-puissant. Dieu peut-il être Dieu s'il ne contrôle pas toutes choses ?

Cela soulève la question du contrôle divin et de la liberté de l'être humain. La meilleure réponse est de dire que les deux sont vrais, et que c'est un mystère – d'un côté Dieu déterminant toutes choses et de l'autre la liberté de l'être humain. Nous pouvons laisser l'énigme en suspens, car nous savons qu'il y a une réponse, même si nous ne sommes pas capables de la rationaliser.

L'illustration suivante pourra nous aider à mieux comprendre. Lorsqu'un ami est malade, deux mesures se recommandent d'elles-mêmes, la prière et la médecine. Si nous prions sans soigner, nous sommes faussement spirituels ; si nous apportons des remèdes, mais n'implorons pas le Grand Médecin, nous sommes faussement matérialistes. Comment les deux peuvent-ils être vrais ? Nous n'avons tout simplement aucun moyen de le savoir. Il est inutile de tenter de décrire la liberté de l'être humain en disant que Dieu connaît l'avenir sans le planifier. Comment pourrait-il connaître l'avenir s'il ne l'a pas planifié ? Il est inutile de tenter de défendre la souveraineté de Dieu en affirmant que nous ne sommes pas libres. Comment pouvons-nous être responsables si nous ne sommes pas libres[7] ?

Une meilleure voie

Toutes ces approches ont le mérite de nous aider à faire avancer notre réflexion sur la nature et le but du mal. Mais elles ont toutes de graves faiblesses. Afin d'affiner notre position et pour en revenir aux trois questions fondamentales du début du chapitre, nous avancerons trois affirmations supplémentaires.

Premièrement, une déclaration qui pourra étonner : Nous ne pouvons pas vraiment savoir pourquoi Dieu a permis au mal d'entrer dans son univers. Nous ne savons tout simplement pas comment le mal est possible si Dieu est Dieu. Bien qu'il nous faille admettre cela avec déception, est-il surprenant que nous ne puissions savoir comment l'impensable s'est produit, comment le scandaleux est devenu réel ? De plus, si nous le savions, nous tenterions de justifier le mal d'une manière ou d'une autre. Pourquoi Dieu a-t-il créé un monde dans lequel le mal allait arriver ? Personne ne le sait. Les Écritures n'en parlent pas.

Nous connaissons beaucoup de choses sur le mal et nous en avons mentionné plusieurs dans les sections précédentes. Cela nous renforce. Cela ne durera pas. C'est contre Dieu. C'est la faute de la décision humaine. On pourrait en dire davantage, mais on ne peut pas dire comment cela est compatible avec les desseins de Dieu. À de nombreuses reprises, la Bible semble nous parler de la raison d'être du mal[8]. Toutefois, si on lit attentivement, il devient clair que dans chaque cas, le mal était déjà dans le monde. Dieu l'utilise une fois qu'il est là, ce qui est très différent de dire qu'il l'a créé en tout premier lieu[9]. Le théologien Henri Blocher le formule ainsi :

Aucune donnée biblique, soigneusement scrutée, ne permet de revenir sur la dénonciation de la malignité ; on ne peut pas en émousser la rigueur en arguant que Dieu se sert du mal et le permet pour réaliser ses fins, car le bien ne procède pas du mal comme tel, et le rattachement aux fins diverses n'est pas enseigné quant à la première permission, l'origine du mal. Celui-ci reste mauvais totalement, radicalement, absolument[10].

Deuxièmement, le mal n'est pas étranger au plan de Dieu. Quelle que soit l'origine du mal, ce dernier n'a pas pris Dieu au dépourvu. Dieu ne s'intéresse pas uniquement aux grandes lignes, il accomplit absolument tout selon son plan, « il agit comme il lui plaît avec l'armée des cieux et avec les habitants de la terre » (Da 4.35). Dieu « opère toutes choses d'après le conseil de sa volonté » (Ép 1.11). Cela signifie que tout ce que nous pouvons dire sur le mal entre dans le cadre des intentions de Dieu.

Cette situation est remarquable – nous ne savons pas comment le mal est né, mais nous savons qu'il entre dans les desseins de Dieu. Ce dernier contrôle la réalité même qui le contredit. Mais il n'est ni coupable ni responsable de l'existence du mal. Ce mystère est établi dans les grandes confessions de foi. *La Confession de foi de Westminster*, l'une des mieux articulées, affirme dans sa section « Le décret éternel de Dieu » :

> De toute éternité et selon le très sage et saint conseil de sa propre volonté, Dieu a librement et immuablement ordonné tout ce qui arrive ; de telle manière, cependant, que Dieu n'est pas l'auteur du péché, qu'il ne fait pas violence à la volonté de la créature, et leur liberté ou la contingence des causes secondes sont bien plutôt établies qu'exclues (III.1[11]).

La Confession confirme deux réalités fondamentales. La première est que Dieu « ordonne », c'est-à-dire qu'il détermine absolument tout ; tout ce qui arrive est « immuable ». La deuxième

est que Dieu fait tout de manière juste et avec honneur ; c'est par sa
« sage » et « sainte » décision. Dieu n'est pas arbitraire, mais bon.
Il n'est pas l'« auteur » du péché – le péché n'est pas de sa responsabilité – et il honore l'intégrité ainsi que la liberté de toutes les créatures. Les deux réalités sont affirmées, mais non conciliées. Le paradoxe apparent qui existe entre la puissance de Dieu et la liberté humaine ne pose pas de problème aux croyants. Il constitue plutôt une richesse.

La troisième affirmation concernant le mal est la plus importante. Les Écritures ne nous enferment pas dans un discours spéculatif sur les origines du mal, mais nous disent tout de la solution. Jésus-Christ est venu dans le monde pour triompher du mal sous toutes ses formes, et ce, en deux étapes. Premièrement, il réalise l'expiation pour la culpabilité. À la croix, le Christ a chargé sur ses épaules innocentes le péché du monde et a reçu la sentence à la place de ce dernier. À la résurrection, il a triomphé du mal et a ouvert une nouvelle ère où l'humanité est pour toujours réconciliée avec Dieu. Deuxièmement, pour le moment graduellement et plus tard totalement, le mal sera complètement éradiqué de l'univers et un nouvel ordre sera établi selon le commandement de Dieu.

L'apologétique chrétienne s'intéresse à cette grande vérité. Nous devrions être prêts à nous engager dans une discussion honnête sur les origines et la nature du mal et à éloigner les autres de toute conjecture inutile, les conduisant ainsi à voir les choses comme Dieu les voit. Ce n'est que lorsque nous lèverons les yeux et comprendrons que Dieu a résolu le problème d'une manière qui lui est unique que nous pourrons commencer à être en paix. Ce n'est que lorsque nous réaliserons tout ce que Dieu a fait par les souffrances et la victoire du Christ que nous réaliserons que c'est un Dieu qui résoudra tout de la meilleure façon. Cela n'explique peut-être pas tout sur le scandale du mal, surtout des énigmes tels

Auschwitz, le SIDA ou la mort d'un enfant, mais cela permet de le surmonter. Cela nous donne aussi le plus grand mandat possible qui nous engage dans le combat contre toutes injustices, maladies et souffrances, car nous pouvons dire avec l'apôtre Paul : « c'est à cause de cela que je souffre ces choses ; mais je n'en ai point honte, car je sais en qui j'ai cru, et je suis persuadé qu'il a la puissance de garder mon dépôt jusqu'à ce jour-là » (2 Ti 1.12).

10

La foi conduisant à l'assurance

> De la même manière, bien que nous soyons enfermés dans la prison de notre corps terrestre et environnés de beaucoup d'obscurité, la moindre étincelle venant du monde de la lumière de Dieu, qui nous montre sa miséricorde, nous illumine assez pour que nous ayons une ferme assurance.
>
> Jean Calvin, *Institution de la religion chrétienne*, 1559[1]

Rester honnête, garder la foi

Un homme amène son fils possédé à Jésus et lui demande de le guérir, s'il en est capable. Jésus répond : « Tout est possible à celui qui croit. » Le père s'exclame alors : « Je crois ! Viens au secours de mon incrédulité ! » (Mc 9.14-32.) Comme nous le voyons dans cette histoire, la foi est progressive et varie selon les personnes. Avec l'apologétique chrétienne, le terrain que nous gagnons est plus important que les certitudes que nous établissons une fois pour toutes. Même si notre tâche est de persuader les non-croyants de la vérité de l'Évangile, souvenons-nous que toutes les assertions ne revêtent pas nécessairement une autorité égale. L'essentiel peut être clair et crédible, mais en abordant des questions moins centrales nous nous apercevons que certains points sont moins évidents et qu'il convient d'être prudent.

Dans ce dernier chapitre, nous voulons étudier les sujets du doute et de la conviction. Toutes sortes de défis à la foi chrétienne peuvent provoquer les doutes et l'hésitation : pensons par exemple aux croisades, aux religions du monde ou au problème du mal. Il peut aussi s'agir de questions psychologiques, par exemple l'amour de Dieu et sa bonté. Dans les parties suivantes, nous envisagerons la foi comme étant dynamique, allant du minimum vital pour entrer en relation avec le Christ jusqu'à la persuasion complète.

Des réponses honnêtes à des questions honnêtes

L'Abri a toujours eu la politique suivante, « des questions honnêtes méritent des réponses honnêtes ». Tout en reconnaissant que personne ne peut prétendre être complètement honnête, les dirigeants de l'Abri mettaient un point d'honneur à prendre toutes les questions au sérieux. Lorsque j'y étais, l'une des étudiantes, une jeune femme très timide, voulait poser une question, mais n'osait pas, trouvant cette dernière trop stupide. Nous savions tous qu'elle voulait savoir comment Francis Schaeffer allait répondre, mais le bon moment ne semblait jamais arriver. Finalement, elle a posé sa question qui concernait les prières non exaucées. M. Schaeffer fit une pause, attendant un certain temps avant de répondre. Nous étions tendus, nous demandant comment cette jeune femme timide pouvait se sentir. Pensait-elle que sa question était bien trop simple pour le grand théologien ? Il finit par répondre, disant qu'il lui

La foi conduisant à l'assurance

avait fallu faire une pause et réfléchir, parce que c'était la question la plus profonde qu'il avait entendue depuis des années ! Il a ensuite parlé de manière réfléchie environ quarante-cinq minutes. Après cela la jeune femme n'a plus jamais eu peur de poser des questions.

Répondre honnêtement à des questions honnêtes signifie plus que résoudre le problème soulevé. Cela signifie aussi être franc et admettre notre ignorance lorsqu'il n'y a pas de réponses. Nous avons déjà abordé la question du mystère en parlant des origines du mal et du lien entre le pouvoir de Dieu et la liberté humaine. Il existe un autre grand domaine, relié à la recherche scientifique et la Bible, où les réponses ne sont que partielles.

Les personnes n'ayant pas fait d'études en théologie sont souvent surprises en apprenant que l'archéologie de la Terre sainte est incomplète lorsqu'il s'agit de confirmer les histoires de la Bible. Il existe de nombreuses questions sans réponses, mais aussi beaucoup de preuves appuyant les évènements consignés dans l'Écriture. En effet, il existe de nombreuses corrélations pour le millénaire précédant la venue de Jésus-Christ : des inscriptions égyptiennes et assyriennes confirment les récits de l'histoire d'Israël. À cela s'ajoutent de nombreuses découvertes récentes. Par exemple, une équipe dirigée par deux chercheurs juifs, Joseph Naveh et Avraham Biran, a mis au jour Tel Dan, en 1993, au nord d'Israël, et a trouvé des mots inscrits dans la roche signifiant « Maison de David » et « Roi d'Israël ». Ces inscriptions datent environ du IXe siècle av. J.-C. Cette découverte a été la première preuve de l'existence de David en dehors de la Bible, détruisant les théories qui faisaient de ce dernier une figure mythique[2]. D'autres découvertes confirment aussi les données bibliques, comme les sceaux antiques en argile corroborant certaines prophéties de Jérémie ainsi que bon nombre d'artéfacts datant de l'époque de Jésus.

D'un autre côté, il existe des trous, voire des contradictions apparentes, là où aucune preuve archéologique n'existe. Dans les années 1950, l'archéologue britannique Kathleen Kenyon a entrepris des travaux d'excavation massifs à Jéricho et a conclu qu'il n'y avait aucune preuve de la destruction de la ville au courant du XIIIe siècle av. J.-C. comme le décrit la Bible. De nombreuses fouilles subséquentes semblent avoir confirmé ses conclusions. En réalité, il est généralement admis que l'antique cité a été détruite aux alentours du XVe siècle av. J.-C., comme d'autres l'ont été et qui sont mentionnées dans le livre de Josué, comme Aï et Hatsor. À l'époque de Josué, il n'y avait donc plus rien à conquérir.

Comment l'apologétique peut-elle répondre à ce problème des trous et des contradictions ? Tout d'abord, il faut comprendre que la science archéologique est loin d'être parfaite. Les recherches sont lentes et difficiles et même en cas de découverte, les conclusions ne sont que des hypothèses. La tendance à douter de la chute de Jéricho peut ainsi être facilement renversée. Certains chercheurs ont remis en question la méthodologie de Kathleen Kenyon et ont mis en évidence certains préjugés caractérisant ses recherches. D'autres ont proposé que des villes comme Jéricho et Aï ne se situent pas au même endroit que les villes actuelles ou que ces villes ont pu disparaître par érosion, ce qui est arrivé à plusieurs villes de l'âge du bronze moyen.

Il nous faut aussi souligner que bon nombre d'enseignements bibliques qui nécessitent une précision historique ne sont pas vérifiables par la recherche historique. La plus grande partie du récit biblique s'intéresse à des personnages mineurs, plutôt ordinaires – qu'ils soient saints ou vauriens. Jacques nous dit qu'Élie « était un homme de la même nature que nous » (Ja 5.17) qui a fait de grandes choses par sa foi en Dieu. Il n'est toutefois pas possible de mesurer sa grandeur à l'aune de ses conquêtes, des bouleversements qu'il a provoqués ou d'un quelconque évènement ayant laissé des traces archéologiques. Soulignons comme la Bible le fait, le progrès moral, le ministère, le soulagement des nécessiteux et la piété.

Création et évolution

L'archéologie n'est pourtant pas le domaine à l'origine des plus grandes controverses. C'est plutôt dans des disciplines telles que la géologie, la paléontologie et la biologie qu'il semble y avoir une opposition entre la Bible et la science. Cette question a été mise sur le devant de la scène au XIXe siècle, lorsqu'est apparue une théorie audacieuse – la théorie de l'évolution. Le problème des origines étant en jeu, la question de l'évolution et de la création a généré une énorme controverse, comme on aurait pu s'y attendre. Quel rôle l'apologétique chrétienne doit-elle jouer dans ce débat pour qu'il reste sain ?

Charles Darwin lui-même voulait, au début, défendre le récit biblique de la création. Dans son ouvrage *De l'origine des espèces* (1859), la grande innovation n'est pas tant la question de l'évolution des différentes espèces que le mécanisme de la sélection naturelle[3]. Selon lui, la diversification des espèces se serait déroulée sur une grande période par un processus de variation aléatoire et de lutte pour la survie. Il pensait que ses arguments étaient compatibles avec l'Écriture, car seul un Dieu qui sait tout aurait pu établir un tel plan. Mais dans son deuxième livre, *La Filiation de l'homme* (1871), il franchit un pas osé en affirmant que toutes les espèces, y compris les êtres humains, sont issues de l'évolution. Une énorme controverse ne cesse d'entourer cette position depuis lors.

Même si de nombreuses théories spécifiques de Darwin ne sont plus acceptées, l'idée générale demeure. L'évolution a-t-elle permis de réfuter la Bible ? Il y a des livres à la mode sur la science et la religion, des disputes célèbres comme le *Procès du singe*, et les débats récents autour des manuels scolaires des lycées américains qui malheureusement donnent la fausse impression que les chrétiens sont des obscurantistes lancés dans une bataille désespérée contre le monolithe inébranlable de la science[4].

Que dit réellement le texte de la Genèse ? S'agit-il de six jours de vingt-quatre heures ? Bien qu'une lecture superficielle puisse le laisser penser, de nombreux théologiens croient qu'il est tout à fait légitime de considérer que le mot hébreu pour « jour » indique une « période de temps ». Ils avancent entre autres le fait que le septième jour ne finit jamais (Ge 2.2). D'autres croient que la structure de Genèse 1 n'est pas chronologique, mais littéraire en raison d'une corrélation poétique entre les jours un et quatre, deux et cinq, trois et six. Ils maintiennent ainsi que le livre ne propose pas une structure temporelle géologique. D'autres encore croient qu'on ne doit pas forcer le texte de Genèse à enseigner une quelconque connaissance scientifique. Déjà en 1880, le botaniste de Harvard Asa Gray déclarait qu'entretenir un conflit entre l'évolution et la Genèse revenait à se baser sur des « suppositions étrangères au sujet et sur des constructions langagières forcées ». Les deux domaines, la science et l'enseignement mosaïque, étaient d'« ordre différent ».

Ce que la Genèse enseigne clairement, c'est que Dieu a tout créé dans l'univers. Que ce soit sur une certaine période de temps ou d'un seul coup, il est le Créateur dont la parole suffit à tout créer. Il est aussi clair que les êtres humains ont été créés d'une manière unique pour un dessein unique. Adam est considéré comme le représentant de l'alliance qui lie la famille humaine tout au long de la Bible. Remettre en question l'historicité du premier homme revient entre autres à remettre en question l'analogie établie dans la Bible entre Adam et le Christ[5].

La théorie de l'évolution contredit-elle ces enseignements ? Ce n'est qu'en tant que macro-théorie qu'elle renvoie tout à un mécanisme qui fonctionne par lui-même. En tant que micro-explication, il n'y a rien qui en soi est contraire à la Bible. Dieu a peut-être utilisé une semblable démarche pour créer. En plus, les théories elles-mêmes soulèvent de grandes questions. La plupart des scientifiques rejettent aujourd'hui l'idée d'un processus lent se déroulant sur des milliers d'années et croient que les changements biologiques se produisent souvent de manière soudaine.

Le mieux est de laisser la Bible parler en ses propres termes et de ne pas en faire sortir de quelconques théories scientifiques. Il vaut mieux aussi laisser la science faire son travail tout en rappelant de temps à autre aux scientifiques qu'ils ne peuvent prétendre à la neutralité. Certaines questions légitimes émanant des différentes découvertes vont demeurer, mais de nouveaux horizons s'ouvrent grâce à la science, qui nous aide à comprendre le monde de Dieu. Nous ne verrons jamais l'image complète, mais nous pouvons accepter les ambiguïtés si nous nous accrochons à l'enseignement biblique.

> Or, la foi est une ferme assurance des choses qu'on espère, une démonstration de celles qu'on ne voit pas. Pour l'avoir possédée, les anciens ont obtenu un témoignage favorable. C'est par la foi que nous reconnaissons que l'univers a été formé par la parole de Dieu, en sorte que ce qu'on voit n'a pas été fait de choses visibles (Hé 11.1-3).

Deux rappels fondamentaux

L'assurance de la foi, c'est bien plus qu'avoir des réponses honnêtes à des questions honnêtes sur les grands sujets, comme la science ou la Bible. Plus fondamentalement, il s'agit de comprendre correctement qui est Dieu et quelle doit être notre relation avec lui.

Dans les régions montagneuses du sud de la France, un bon nombre de vieilles Églises traditionnelles huguenotes ont des membres issus d'une longue lignée de croyants fidèles. Cependant, dans certaines de ces Églises se produit un phénomène troublant au moment de la sainte cène – de nombreux fidèles ne s'avancent pas. Lorsqu'on leur demande la cause de leur réticence, ils répondent : « Nous ne sommes pas sûrs d'être sauvés et nous n'osons pas nous permettre de reproduire le signe d'appartenance au Christ. »

Ces fidèles croyants ont vraisemblablement oublié qu'ils ne sont pas sauvés en raison de ce qu'*ils* peuvent faire pour Dieu, mais en raison de ce que *Dieu* a fait pour eux. Dans le chapitre cinq de l'épître aux Romains, Paul dit à ses lecteurs qu'ils ont la paix avec Dieu parce qu'ils ont été justifiés par la foi. Il n'est pas question ici d'un sentiment de paix ; il dit que Dieu est en paix avec nous parce que le Christ a pris sur lui la culpabilité de notre condition.

La justification par la foi – le leitmotiv de la réforme protestante – est un fait, non un sentiment. C'est un statut légal qui nous est octroyé par Dieu sur simple *déclaration*, signifiant que nous sommes acquittés et non coupables. La justification n'a rien à voir avec un changement en nous. Le changement se trouve plutôt complètement hors de nous.

Voilà le premier grand rappel dont nous avons besoin si nous doutons de l'assurance d'être aux côtés de Dieu. Si nous plaçons notre confiance et notre espérance en Dieu par le Christ, il est alors évident que nous sommes justifiés et avons par conséquent la paix avec Dieu. Sur notre changement de statut, Paul fait deux remarques. La première est que nous sommes fermement persuadés de *demeurer* dans la grâce de Dieu (5.2). La deuxième est que nous nous glorifions réellement en Dieu (5.2,11) – notre assurance ne se limite pas à une simple conviction mentale ; elle touche aussi aux émotions. En sachant ce qui est objectivement vrai en raison de la grâce et l'amour de Dieu nous pouvons être plus que certains de notre relation avec lui.

Le deuxième grand rappel pour ceux dont la foi vacille est distinct du premier. Si nous sommes justifiés, nous dit Paul, nous devons fréquenter l'école de la souffrance (5.3). Nous ne pouvons pas connaître toutes les raisons pour nos épreuves, mais nous savons que d'une manière ou d'une autre c'est pour notre bien. En pratiquant l'apologétique, il peut être tentant de passer sous silence le coût de vivre en disciple et d'éviter de dire que le Christ nous demande de prendre notre croix et d'être prêts à tout abandonner pour lui. Mais nous devons avoir de l'estime pour celui qui pose des questions en fournissant des réponses honnêtes à ses questions honnêtes.

L'école de la souffrance compte trois grandes étapes qu'il nous faut franchir en séquence. La première, c'est la « persévérance » (5.3). Lorsque nous supportons les difficultés pour l'amour de notre Seigneur, nous commençons à apprendre ce qu'aucun enseignant ne peut transmettre, la capacité à supporter. Cette vertu est particulièrement absente de notre culture moderne – on préfère les fruits faciles à récolter et la stimulation des plaisirs au dur travail quotidien. Mais comme le savent les grands athlètes, on ne gagne pas un match en une seule action, mais un point à la fois.

La deuxième étape, une fois la constance acquise, c'est « l'expérience » (5.4). Le mot grec signifie ici « la capacité à réussir un test ». Mon père a travaillé pour un général à la retraite qui représentait un heureux exemple de cette notion d'expérience. J'étais avec lui pendant une période particulièrement stressante dans la vie de l'entreprise où des employés étaient remerciés et les ventes chutaient. Lorsque je lui ai demandé comment il supportait la pression, il m'a dit qu'il avait été officier pendant la guerre du Vietnam et avait dû prendre les décisions difficiles d'envoyer des régiments en zones périlleuses. Les malheurs de l'entreprise ne semblaient pas énormes à côté de cette expérience. Selon l'apôtre Paul, il avait de l'expérience.

Finalement, l'étape ultime à l'école de la souffrance, c'est l'« espérance » (5.4,5). Comme nous l'avons vu dans le passage de la première épître de Pierre, lorsque le Nouveau Testament parle de l'espérance, cela signifie la pleine assurance. Et ce qui est mis en relief dans Romains 5, c'est une espérance qui ne connaît aucune honte ni aucun embarras. De plus, c'est une espérance qui conduit au même genre de sentiments de bonheur qui vont avec la justification : « nous nous glorifions dans l'espérance de la gloire de Dieu » (5.2).

Ce que dit réellement l'apôtre Paul, c'est que le même Dieu qui nous justifie nous conduira assurément à travers l'école de la souffrance vers la victoire finale. Nous savons que nous serons sauvés lorsque Dieu jugera le monde et nous pouvons nous en réjouir. Ainsi, le but ultime de l'apologétique chrétienne est d'amener ceux qui doutent à la pleine assurance de la foi par une bonne compréhension de qui est Dieu.

Conclusion

Par conséquent, l'objectif de l'apologétique est de connaître Dieu par la foi. Être chrétien et s'engager dans un travail de persuasion n'est pas plus facile aujourd'hui qu'hier. Ce travail ne sera efficace que si nous mettons la réalité de Dieu au premier plan. Par la foi, nous pouvons savoir que Dieu a de bonnes et justes intentions envers nous, même si nous ne voyons pas toujours comment cela se concrétise. La foi n'est pas une démarche irrationnelle, mais une confiance fondamentale en celui auquel nous avons toutes les raisons de faire confiance. Lorsque notre connaissance de Dieu croît, notre foi croît. Nous apprenons que de nombreuses questions trouvent leur réponse dès ici et maintenant, mais que d'autres doivent attendre. Dieu détient de bonnes réponses, des réponses suffisantes, pour toutes les questions, contrairement à nous. La plupart des énigmes que nous ne comprenons pas clairement maintenant s'éclairciront un jour. Ce qui est bien plus important que de connaître toutes les réponses, c'est que notre confiance croisse, afin d'être en communion avec Dieu et de vivre pleinement son amour. Il n'y a pas de plus grand appel.

Ainsi parle l'Éternel :

> Que le sage ne se glorifie pas de sa sagesse,
> Que le fort ne se glorifie pas de sa force,
> Que le riche ne se glorifie pas de sa richesse.
> Mais que celui qui veut se glorifier se glorifie
> D'avoir de l'intelligence et de me connaître,
> De savoir que je suis l'Éternel,
> Qui exerce la bonté, le droit et la justice sur la terre ;
> Car c'est à cela que je prends plaisir, dit l'Éternel
> (Jé 9.23,24).

Notes

Introduction

1. J. Gresham Machen, *What Is Christianity?* [Qu'est-ce que le christianisme ?], trad. libre, 1951.
2. Il est difficile de trouver un équivalent parfait à l'expression de l'anglais « commending the faith ». « Recommander la foi » est l'expression qui semble la plus proche en français (N. D. T.).
3. Blaise Pascal, *Pensées*, Fragments 142 et 680 du texte établi par Philippe Sellier (N. D. T.).

Chapitre 1

1. Pour ne prendre qu'un exemple, il existait une confusion entre le mot *Logos*, que l'on retrouve au début de l'Évangile selon Jean, et le même mot grec qui signifie « raison universelle ». Les apologètes identifiaient alors le *Logos* au Christ. Le sens du *logos* de Jean ne vient pas de la philosophie grecque, mais trouve son origine dans l'enseignement de l'Ancien Testament

au sujet de la Parole et de la révélation. L'idée même de raison universelle était bien étrangère à Jean.

2. Voir le livre sur l'esthétique de Calvin Seerveld, *Rainbows for a Fallen World* [Des arcs-en-ciel pour un monde déchu], Toronto, Tuppens Press, 1980.

3. Voir Diogenes Allen, *Christian Belief in a Postmodern World: The Full Wealth of Conviction* [La foi chrétienne dans un monde postmoderne : La richesse de la conviction], Louisville, Westminster / John Knox, 1989, p. 3.

4. De nombreux auteurs ont adhéré à cette position, selon laquelle l'époque postmoderne serait favorable à l'apologétique. Dans *Christian Belief in a Postmodern World*, Allen affirme que nous sommes enfin libres des chaînes du rationalisme et que le christianisme a retrouvé sa crédibilité. Voir aussi Paul J. Griffiths, *An Apology for Apologetics* [À la défense de l'apologétique], Maryknoll, Orbis, 1991 ; Thoma Oden, *After Modernity... What?* [Après la modernité... Quoi ?], Grand Rapids, Zondervan, 1990; et Brian J. Walsh, *Who Turned Out the Lights? The Light of the Gospel in a Post-Enlightenment Culture* [Qui a éteint les lumières ? La lumière de l'Évangile dans une culture post-Lumières], Faculty Dialogue 13, 1990, p. 43-62.

5. François Lyotard, *La Condition postmoderne*, Paris, Minuit, 1979.

6. Cela reviendrait à dire que nous sommes à l'époque de l'ultramodernité. Voir Anthony Giddens, *The Consequences of Modernity* [Les conséquences de la modernité], Stanford, Stanford University Press, 1990, p. 53. En utilisant des critères complètement différents, Jürgen Habermas a aussi rejeté la notion de postmodernité. Voir Hal Foster, éd., *Postmodern*

Culture [La culture postmoderne], Londres, Pluto, 1983. Os Guinness critique aussi cette idée, mais utilise des normes encore différentes. Voir son ouvrage *The American Hour* [L'heure de l'Amérique], New York, Free Press, 1992, p. 129.

Chapitre 2

1. Peter L. Berger, *The Heretical Imperative* [L'impératif hérétique], New York, Anchor Press/Doubleday, 1980.

Chapitre 3

1. Charles Colson, *Loving God* [Un Dieu d'amour], Grand Rapids, Zondervan, 2011.
2. Voir Actes 24.10 ; 25.8 ; 26.1 ; etc.
3. Dans la première épître de Pierre, la référence est aussi clairement légale, du moins en grande partie. Bien que l'épître soit adressée à l'Église chrétienne en général, l'auditoire immédiat de l'apôtre semble avoir été principalement une Église de non-Juifs. Pierre utilise largement des images et des thèmes de l'Ancien Testament, mais cela nous donne probablement plus un indice sur sa façon de voir les choses que sur la nature de son lectorat.
4. Edmund P. Clowney, *The Message of First Peter* [Le message de la première épître de Pierre], trad. libre, Leicester, InterVarsity Press, 1988, p. 23-24.
5. Voir aussi Lu 21.14 ; Mt 10.19 ; Mc 13.11.
6. Voir Edward J. Young, *The Book of Isaiah*, vol. 1 [Le livre d'Ésaïe], Grand Rapids, Eerdmans, 1965, p. 311.

7. Voir Claude Bernard Costecalde, *Aux origines du sacré biblique*, Paris, Letouzey et Ané, 1986.
8. Voir Mt 15.1-20.
9. Clowney, p. 147.
10. Voir 1.3 ; 1.13 ; 1.21 ; 3.5 ; etc.
11. La Nouvelle Bible Segond rend de manière forte « Or l'espérance ne rend pas honteux ».
12. Cité dans Richard J. Mouw, *Uncommon Decency* [Une décence peu commune] trad. libre, Downers Grove, Ill., InterVarsity, 1992, p. 145.
13. Charles H. Spurgeon, *Sermons*, vol. 42, Londres, Passmore et Alabaster, 1896, p. 256. Il serait juste d'ajouter que Spurgeon n'était pas logique avec lui-même. Toutes ses positions exprimaient une familiarité avec l'apologétique.
14. Dans d'autres versions de la Bible, il s'agit de 1 Chroniques 12.33. Par ailleurs, la plupart des versions utilisent le mot « temps ». La Bible du Semeur utilise le mot « circonstances », la Bible en français courant « quand et comment » (N. D. T.).
15. Mt 16.1-4 ; voir 12.38-42.

Chapitre 4

1. Ésaïe 1.18. Le mot traduit par plaidons (en hébreu *venivachtah*), vient d'un mot hébreu (*YKTh*), qui signifie argumenter, prouver, déclarer et qui est très proche de l'apologétique. On trouve aussi le mot *YKTh* dans Job 23.7, où il demande à un homme droit de plaider avec lui.
2. Le terme hébreu est *nahneyeti*, signifiant répondre, répliquer, témoigner. Ce concept est souvent de nature quasi légale.

3. Italiques pour souligner. Voir aussi 6.27-30, où « l'apologète » est comparé à un testeur de métaux.
4. Voir Osée 4.1 ; 12.3 ; Michée 6.2 ; Ésaïe 48.1-11 ; 49.1,5 ; 50.1s ; 55.1s ; 59.1 ; etc.
5. Aussi appelée littérature sapientiale.
6. Voir Job 28.28 ; Ps 111.10 ; Pr 1.7.
7. *Le léviathan* (le crocodile), la bête de Job 41, est très probablement Satan.
8. 1 Co 16.8,9 ; voir aussi 2 Co 6.
9. 1 Th 1.5 ; italiques pour souligner.
10. Voir 1 Co 2.6,10 ; Jn 14.15s ; 15.26.
11. Le terme grec *pleirophoreo*, traduit par persuasion, est un terme fort. Il signifie permettre à une chose d'être dévoilée en entier, remplir de conviction ou donner la plus certaine assurance.

Chapitre 5

1. Herman Dooyeweerd, Roots of Western Culture [*Les origines de la culture occidentale*] trad. libre, Wedge Publishing, Toronto, 1979.
2. Jean Calvin, *Institution de la religion chrétienne*, 1.3.1.
3. Voir Jacques Ellul, *Les nouveaux possédés*, 2ᵉ édition, Paris, Mille et une nuits, 2003.
4. Voir la discussion intéressante sur l'universalité de la religion dans Roy Clouser, *The Myth of Religious Neutrality* [Le mythe de la neutralité religieuse], Notre Dame, University of Notre Dame Press, 1991, p. 9-48. Sur le statut public ou privé de la

religion à travers le monde voir José Casanova, *Public Religion in the Modern World* [La religion publique dans le monde moderne], Chicago, University of Chicago Press, 1994.

5. Le *Psychic Friends Network* (Réseau des amis psychiques) est un réseau ésotérique qui offre de l'aide psychique en utilisant les nouveaux médias [N. D. T.].

6. Le texte grec montre que Paul ne parle pas forcément de quelque chose qui est passé, mais de quelque chose qui est en train de se passer. La Bible du Semeur se rapproche de ce sens en utilisant le présent : « car alors qu'ils connaissent Dieu, ils ont refusé de lui rendre l'honneur que l'on doit à Dieu ».

7. Voir Romains 1.16, où Paul nomme l'Évangile « la puissance de Dieu ».

8. Voir par exemple Romains 1.4 ; 15.13,19 ; 1 Corinthiens 2.4 ; Galates 3.5.

9. Voir Romains 4.21 ; 14.5 ; Colossiens 2.2 ; 4.12 ; 2 Timothée 4.5,17.

10. Frank Morrison, *Who Moved the Stone?* [Qui a roulé la pierre ?], Londres, Faber&Faber, 1930.

11. Directeur de la Bibliothèque du Congrès des États-Unis, en anglais *Librarian of Congress*, titre du directeur de la « Library of Congress », les archives nationales des États-Unis.

12. James H. Billington, « Unexpected Joy » [Une joie inattendue], *Theology Today 52-53*, 1995, p. 382-391.

Chapitre 6

1. Bill Watterson, *Calvin and Hobbes Tenth Anniversary Book* [Livre du 10ᵉ anniversaire de Calvin et Hobbes], Kansas City, Andrews and McMeel, 1995.
2. Tous les cas que nous mentionnons sont réels. Nous avons parfois changé les noms des personnes pour des raisons d'anonymat.
3. Gustave Flaubert, *Madame Bovary*, Robert Laffont, Paris, 1981, p. 47.
4. Voir Erich Auerbach, *Mimesis : la représentation de la réalité dans la littérature occidentale*, Paris, Gallimard, 1968.
5. Spécialiste du cycle de la vie humaine à l'université de Stanford, aux États-Unis.
6. Voir par exemple *Why I Am Not a Christian and Other Essays of Religion and Related Subjects* [Pourquoi je ne suis pas chrétien et autres essais sur la religion et sujets connexes], New York, Simon & Schuster, 1957.

Chapitre 7

1. Francis A. Schaeffer, *The God Who is There* [Le Dieu qui est là], trad. libre, Wheaton, Crossway, 1990. Ce livre fait partie de *Trilogy*.
2. Le titre en allemand est *Vorläufige Thesen zur Reformation der Philosophie*. Le livre existe en français sous le titre *Pour une réforme de la philosophie*, Paris, Mille et une Nuits, 2004.
3. Publié pour la première fois en allemand en 1927. En français, le livre est disponible sous le titre *L'avenir d'une illusion*, Paris, PUF, 2013.

4. *Idib.*, chapitre IX et X.
5. Depuis l'époque de Freud, l'objectivité de la science a été fortement remise en question. Thomas Kuhn, qui a écrit *La structure des révolutions scientifiques* (Paris, Flammarion, 1983), a introduit la notion de « changement de paradigme » dans le langage courant. Selon sa thèse, les nouvelles directions prises en sciences ne se produisent pas parce que l'on observe mieux les faits, mais parce qu'on change les règles mentales à partir desquelles nous résolvons les problèmes. Cette théorie a provoqué de nombreux débats, mais nous pouvons dire sans risque que la simple confiance de Freud en la science n'est plus aussi répandue qu'avant.

Chapitre 8

1. Lesslie Newbigin, *Truth to Tell* [Une vérité à dire], Grand Rapids, Eerdmans, 1991.
2. Voir Romains 1 et 2.
3. Publié en allemand en 1563. Pour la version en français, *Catéchisme de Heidelberg : Quelle est ton unique assurance dans la vie comme dans la mort ?*, Krimpen a/d Ijssel, Fondation d'entraide chrétienne réformée, 1998.
4. Certaines versions françaises de la Bible utilisent le terme « grand-prêtre » ou « souverain grand-prêtre » (N. D. T.).
5. Trad. libre. de « Take your burden to the Lord and leave it there. Leave it there. Leave it there. »

Chapitre 9

1. Sheldon Vanauken, *A Severe Mercy* [Une miséricorde sévère], New York, HarperCollins, 2011. Première édition en 1977 chez Harper & Row (N. D. T.).

2. Mouvement fondé en 1879 par Mary Baker Eddy aux États-Unis.

3. Voir Marie Moscovici, « La situation du témoin », *La Quinzaine littéraire* N° 675, août 1995, p. 15-16.

4. Traduction française de Jacques Delille, 1821. Le lecteur français reconnaîtra ici l'influence de G. Leibniz, l'objet de la moquerie de Voltaire dans son *Candide* (1759).

5. Selon cette métaphore, l'être humain ne voit que l'envers des choses, qui semble chaotique et laid, comme l'envers d'une tapisserie. Dieu, lui, voit l'endroit des choses, qui est beau et harmonieux, comme l'endroit d'une tapisserie. À la fin les êtres humains verront l'endroit.

6. La présence de Satan dans le jardin d'Éden afin de tenter le premier couple ne change pas l'argument. Cela ne fait que faire remonter l'apparition du mal au monde angélique invisible (créé), où nous pouvons présumer, là aussi, l'existence d'une chute et d'une décision de pécher.

7. Il est important de souligner que l'essence de la liberté n'est pas de pouvoir choisir le contraire. Ce qui nous rend libres, ce n'est pas le fait que nous avons des options, même si on peut en avoir. Au ciel, lorsque l'option de choisir le mal n'existera plus, nous serons complètement libres. L'essence de notre liberté est que nous sommes autonomes. Nous sommes responsables parce que c'est nous qui choisissons, pas une force extérieure.

8. Par exemple, le roi David était très triste après avoir commis l'adultère avec Betshéba et avoir envoyé son mari mourir à la guerre. Dans le Psaume 32, il raconte : « Tant que je me suis tu, mes os se consumaient, je gémissais toute la journée ; car nuit et jour ta main s'appesantissait sur moi… (v. 3,4). Mais cette souffrance l'a conduit à confesser sa culpabilité et à trouver le soulagement (v. 5).

9. L'arbre de la connaissance du bien et du mal était dans le jardin, mais on ne sait pas comment il s'y est trouvé. On nous dit pourquoi il y est. C'était un test d'allégeance envers Dieu. Si Adam et Ève n'avaient pas succombé, l'humanité serait probablement passée de l'intégrité à la béatitude éternelle. Mais dans l'état des choses, l'accès à l'arbre de vie se fera par le Christ.

10. Henri Blocher, *Le mal et la croix*, Charols, Excelsis, 2012, p. 128.

11. *Quel est le but principal de la vie de l'homme ? Les textes de Westminster*, Aix-en-Provence, Kerygma, 1988.

Chapitre 10

1. En français moderne aux éditions Excelsis/Kerygma, 2009, p. 502.

2. En 1994, l'archéologue français André Lemaire, qui étudiait la stèle de Mesha au Musée du Louvre a publié les résultats de ses recherches. L'expression « Maison de David » figure aussi sur cette stèle, inscrite par un ennemi d'Israël, le roi Mesha, dont le nom se trouve aussi dans la Bible.

3. En 1844, Robert Chambers avait déjà affirmé dans son ouvrage *Vestiges de l'histoire naturelle de la création* que des

formes simples donnent naissance à des formes complexes par évolution.

4. *Le Procès du singe* ou *Procès Scopes*. Procès qui a eu lieu aux États-Unis en 1925, opposant les défenseurs et les détracteurs de la théorie de l'évolution (N. D. T.).
5. Voir Ro 5.12-19 et 1 Co 15.22.

Index

Genèse
1 138
2.2 138
3.14,15 52
3.15 55
50.20 122

Exode
17.1-7 53

1 Chroniques
12.32 47

Job
19.25 55
23.7 . . . . 148n1
28.28 . . . . 149n6
30.21 55
30.24 55
31.35 55
38 – 41 55
41 . . . . 149n7
42.6 55

Psaumes
32 . . . . 154n8
32.3,4 . . . . 154n8
32.5 . . . . 154n8
37 52
111.10 . . . . 149n6

Proverbes
1.7 . . . . 149n6
4.20-23 44

Ecclésiaste
. 56

Ésaïe
1.18 . . . . 148n1
8.12,13 42
41.21 52
48.1-11 . . . . 149n4
49.1 . . . . 149n4
49.5 . . . . 149n4
50.1 . . . . 149n4
55.1 . . . . 149n4
59.1 . . . . 149n4

Jérémie
6.27-30 . . . . 148n3
9.23,24 . . . . . . .69, 143
15.19-21 53

Daniel
4.35 130
7.13 95

Osée
4.1 . . . . . 149n4 (ch. 4)
12.3 . . . . 149n4 (ch. 4)

Amos
5.21 100

Michée
6.2 . . . . . 149n4 (ch. 4)

Matthieu
5.15 33
7.23 100

8.27 93
10.19 . . . . 147n5
12.38-42 . . . . . 148n15
15.1-20 . . . . .147n8
16.1-4 . . . . 148n15
26.69-74 42
28.19 33

Marc
2.5 94
9.14-32 133
13.11 . . . . 147n5
14.62 95

Luc
2.34,35 57
12.11 . . . . .40, 41
21.14 . . . . 147n5
23.41 95

Jean
6.35 95
11.1-44 124
11.33 124
11.38 124
13.35 72
14 – 16 44
14.11 71
14.15 . . . . 149n10
15.18-27 57
15.26 . . . . 149n10
16.33 125
17 71
17.23 71
20.31 56

Actes
10 46
24.10 . . . . 147n2
25.8 . . . . 147n2
26.1 . . . . 147n2

Romains
1 . . . . 152n2
1.4 . . . . 150n8
1.16 . . . . 150n7
1.19 65
1.19-21 62
1.21 . . . . 65, 150n6
2 . . . . 152n2
4.21 . . . . 150n9
5 . . . . .140, 142
5.2 . . . . .140, 142
5.3 141
5.4 141
5.4,5 142
5.5 . . . . 45, 148n11
5.11 140
5.12-19 . . . . 155n5
8.18 124
8.31 42
12 . . . . 34, 36
12.1 34
12.2 34
12.3-13 34
12.14 – 13.7 34
13.8-14 34
14.1 – 15.6 34
14.5 . . . . 150n9
15.7-22 35
15.13 . . . . 150n8
15.19 . . . . 150n8
15.23-33 35

1 Corinthiens
2.4 . . . . 150n8
2.6 . . . . 149n10
2.10 . . . . 149n10
15.22 . . . . 155n5
16.8,9 . . . . 149n8

2 Corinthiens
5.11 59
5.11 – 6.2 58
5.14 58
5.19 58
6 . . . . 149n8
10.5 . . . . .49, 59

Galates
3.5 . . . . 150n8

Éphésiens
1.11 130

Colossiens
1.27 45
2.2 . . . . 150n9
4.12 . . . . 150n9

1 Thessaloniciens
1.5 . . . . 149n9

2 Timothée
1.12 132
4.5 . . . . 150n9

4.17 . . . . 150n9

Hébreux
2.9 125
2.18 114
4.15,16 114
10.23 45
11.1-3 139

Jacques
2.8 56
5.17 136

1 Pierre
. . . . 142, 147n3
1.1 40
1.3 . . . . 148n10
1.13 . . . . 148n10
1.21 . . . . 148n10
3.5 . . . . 148n10
3.13,14 41
3.14 41
3.15 . . . . 14, 40, 42, 43, 49, 59, 69
4.12,13 115
4.16 115
5.12 40

« **Impact Académia** » est une marque déposée de « **Publications Chrétiennes inc.** », une maison d'édition québécoise fondée en 1958. Sa mission est d'éditer ou de diffuser la Bible ainsi que des livres et brochures qui en exposent l'enseignement, qui en démontrent l'actualité et la pertinence, et qui encouragent la croissance spirituelle en Jésus-Christ.

Pour notre catalogue complet :
www.publicationschretiennes.com

Publications Chrétiennes inc.
230, rue Lupien, Trois-Rivières, Québec, CANADA – G8T 6W4
Tél. (sans frais) : 1-866-378-4023, Téléc. : 819-378-4061
commandes@pubchret.org

www.ingramcontent.com/pod-product-compliance
Lightning Source LLC
Chambersburg PA
CBHW071720090426

42738CB00009B/1829